Christopher Hart

Power Girls zeichnen leichtgemacht

Christopher Hart

Power Girls zeichnen leichtgemacht

evergreen

Dieses Buch ist jedem gewidmet, der je ein Comicheft gelesen und sich dabei gedacht hat: „Mann, so möchte ich auch zeichnen können." Denn damit fängt alles an.

Besonderer Dank gilt Bobbie Chase von Marvel Comics und Renae Geerlings von Top Cow für die Interviews und die dazugehörigen Abbildungen. Ich danke auch Harriet Pierce, die dazu beigetragen hat, dass dieses Buch so wurde, wie es sein soll.

MITWIRKENDE ZEICHNER

Grant Miehm, Derec Aucion, Tom Grindberg, Andy Kuhn, Drew Johnson, Rich Faber, Gray Morrow, Christopher Hart

Namen und Abbildungen aller Marvel-Figuren, die in diesem Band erwähnt werden, sind Warenzeichen der Marvel Characters, Inc. Abbildungen von Marvel-Figuren sind © 2000 Marvel Characters, Inc. und werden mit freundlicher Genehmigung verwendet.

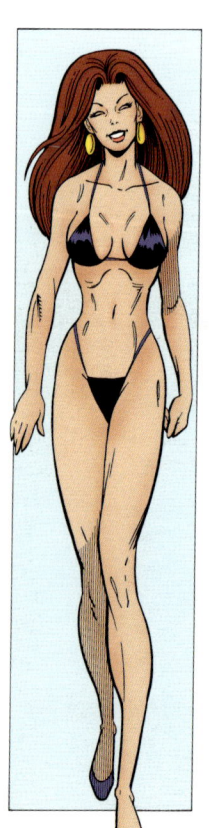

EVERGREEN is an imprint of
TASCHEN GmbH
www.taschen.com

© 2001 TASCHEN GmbH
Hohenzollernring 53, D–50672 Köln
Copyright © 2000 by Christopher Hart
Originaltitel: How to Draw Great-Looking Comic Book Women
Originally published in the United States of America in 2000
by Watson-Guptill Publications, a division of BPI Communications, Inc.,
770 Broadway, New York, NY 10003, United States of America
www.watsonguptill.com
Deutsche Übersetzung: Wolfgang J. Fuchs für content publishing Braun & Eckhard, München
Redaktion und Produktion: content publishing Braun & Eckhard, München
Koordination: Katrin Becker, Köln

Printed in Spain
ISBN 3–8228–1583–7

INHALT

EINFÜHRUNG

Hattest du je Schwierigkeiten damit, fantastisch aussehende Comicfrauen zu zeichnen? Dann bist du nicht allein. Dieses Problem hat schon viele Anfänger, aber auch viele erfahrene Profis beschäftigt. Supertolle Frauen stellen für jeden Comiczeichner eine besondere Herausforderung dar. Einerseits müssen die Ladys kraftvoll und stark aussehen, andererseits sollen sie aber auch schön und sexy wirken.

Mithilfe dieses Buches lassen sich all deine zeichnerischen Ambitionen in die Tat umsetzen, denn es geht Schritt für Schritt vor. Die vielen verwirrenden Regeln des Zeichnens werden detailliert erklärt und sind atemberaubend illustriert. So erfährst du beispielsweise, wo am Körper sich die wichtigsten Muskeln befinden und wie man sie zeichnet. Du wirst sehen, wo man bei einer Frau Kurven hinzufügt, um die Attraktivität der weiblichen Figur zu betonen. Und du lernst, wie man erstaunliche Superkräfte erfindet – nicht einfach Superstärke, sondern ganz ausgefallene Kräfte wie etwa Gestaltwandlung und fliegende Stacheln.

Das ist aber noch längst nicht alles. Die Seiten über perspektivische Verkürzung zeigen, wie man Comicfiguren zeichnet, die einem förmlich aus dem Buch entgegenspringen. Du erfährst, wie man Kostüme entwirft und wie eine Comicseite aufgebaut ist; du lernst die Tricks und Kniffe von Comiczeichnern kennen und noch vieles mehr.

Ich habe Beiträge der besten Comiczeichner der Gegenwart gesammelt, um die größtmögliche Bandbreite von Anregungen in einem Buch zu vereinen und den Leser nicht auf einen bestimmten Zeichenstil festzulegen. Dazu zählen Spitzenkünstler, die Entwürfe und Tuschezeichnungen für so bekannte Serien wie *X-Men*, *Batman*, *Catwoman*, *Superman*, *Supergirl*, *Spider-Man*, *Venom*, *Avengers*, *Aquaman*, *Captain America*, *Daredevil*, *Green Lantern* und viele andere angefertigt haben.

Außerdem habe ich zwei Exklusivinterviews geführt, eines mit Bobbie Chase aus der Redaktion der berühmten Marvel Comics, das andere mit Renae Geerlings aus der Redaktion von Top Cow, einem ehrgeizigen Independent-Comicverlag. Sie klären darüber auf, wie man seinen ersten Job in der Comicindustrie bekommt, was in eine Präsentationsmappe gehört und welche Fehler man vermeiden sollte. Wer könnte darüber besser Auskunft geben, als die Redakteure selbst?

Sei also gewarnt: Dieses Buch ist nicht nur eine Vorlage zum Abpausen von Actionposen, sondern eine echte Zeichenschule. Du findest darin Comicfrauen in Reinkultur, angefertigt in den Zeichentechniken der Profis. Sie sind absolut hip. Bist du bereit?

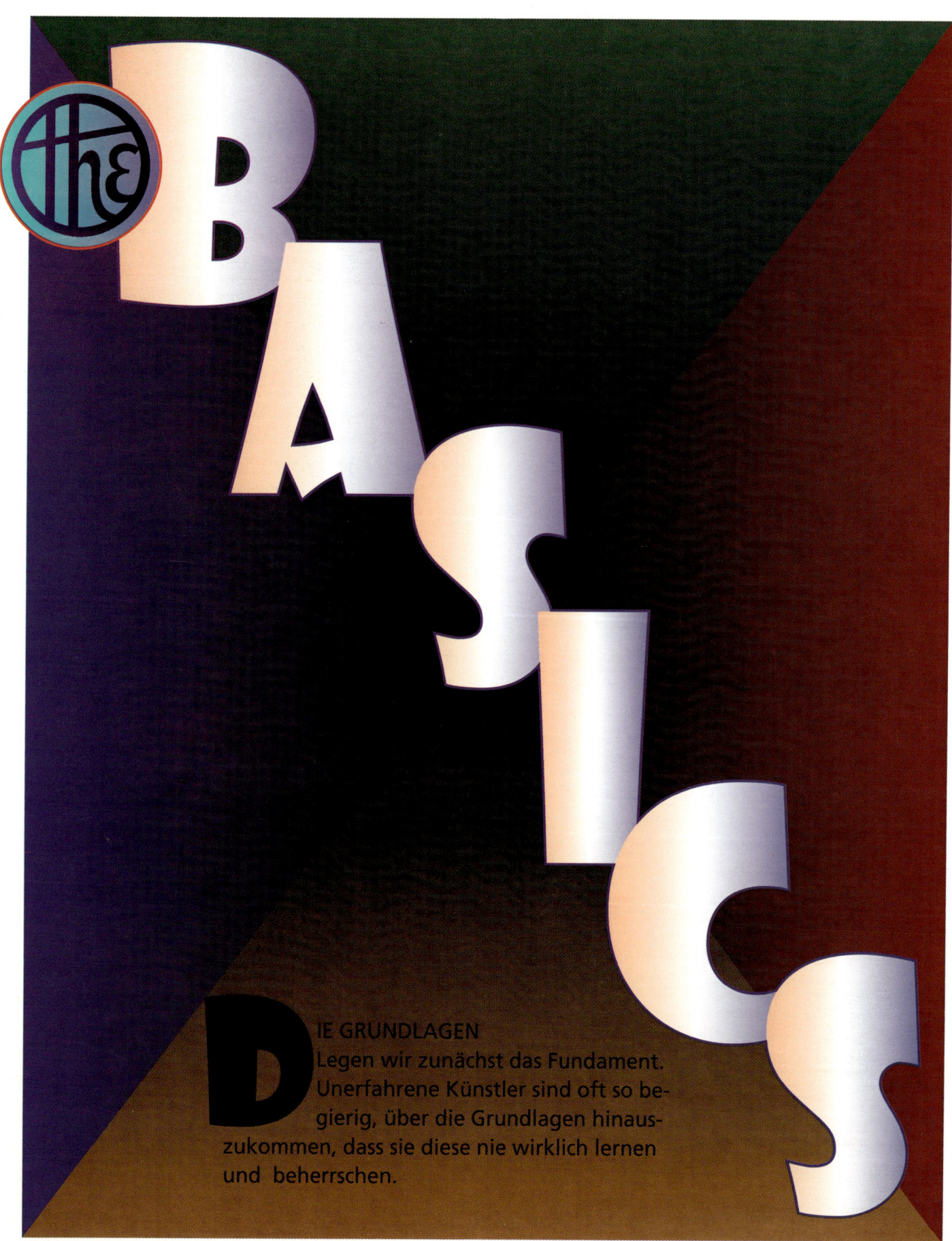

THE BASICS

DIE GRUNDLAGEN
Legen wir zunächst das Fundament.
Unerfahrene Künstler sind oft so begierig, über die Grundlagen hinauszukommen, dass sie diese nie wirklich lernen und beherrschen.

DER KOPF

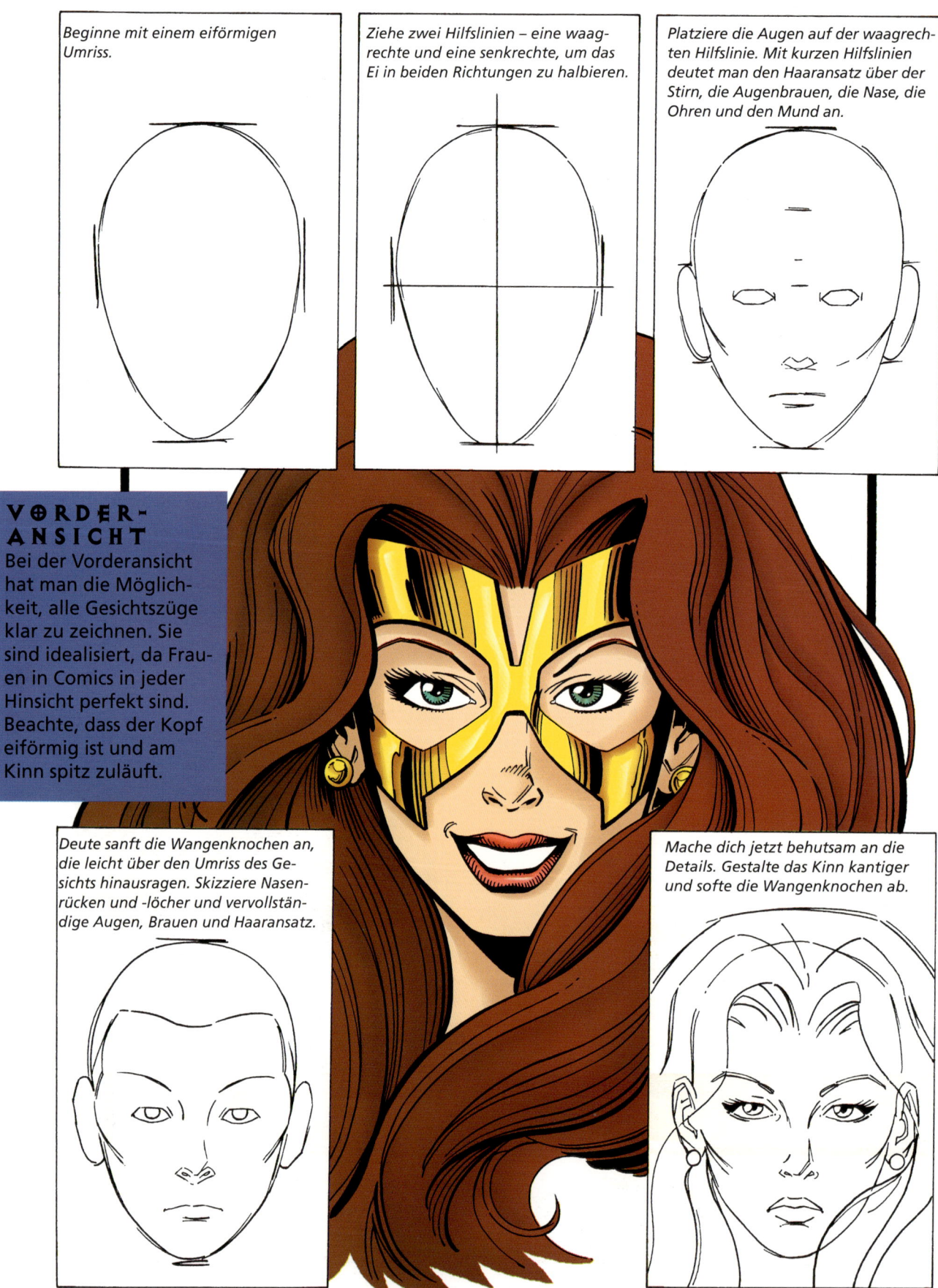

Beginne mit einem eiförmigen Umriss.

Ziehe zwei Hilfslinien – eine waagrechte und eine senkrechte, um das Ei in beiden Richtungen zu halbieren.

Platziere die Augen auf der waagrechten Hilfslinie. Mit kurzen Hilfslinien deutet man den Haaransatz über der Stirn, die Augenbrauen, die Nase, die Ohren und den Mund an.

VORDER-ANSICHT

Bei der Vorderansicht hat man die Möglichkeit, alle Gesichtszüge klar zu zeichnen. Sie sind idealisiert, da Frauen in Comics in jeder Hinsicht perfekt sind. Beachte, dass der Kopf eiförmig ist und am Kinn spitz zuläuft.

Deute sanft die Wangenknochen an, die leicht über den Umriss des Gesichts hinausragen. Skizziere Nasenrücken und -löcher und vervollständige Augen, Brauen und Haaransatz.

Mache dich jetzt behutsam an die Details. Gestalte das Kinn kantiger und softe die Wangenknochen ab.

Beginne mit zwei sich überlappenden Eiformen.

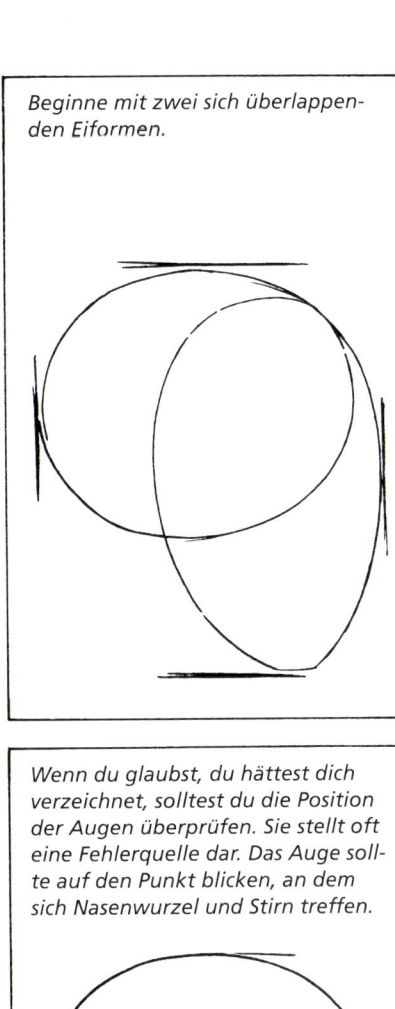

Zeichne wie bei der Vorderansicht eine waagrechte und eine senkrechte Hilfslinie, um den Kopf in beiden Richtungen zu halbieren.

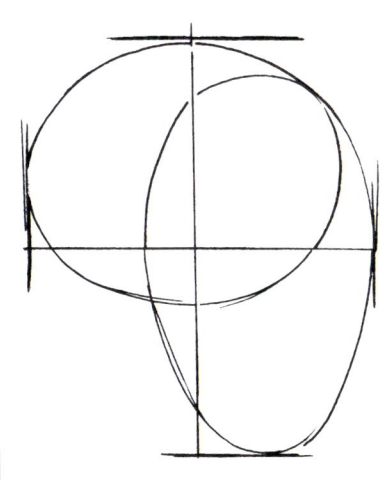

Setze das Auge auf die waagrechte Hilfslinie und das Ohr an die senkrechte Hilfslinie. Vermeide einen zu scharfen Winkel an der Nasenwurzel, zeichne aber eine deutliche Einkerbung, wo sich Nase und Stirn treffen.

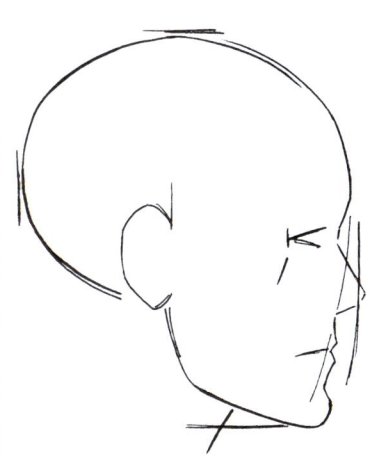

Wenn du glaubst, du hättest dich verzeichnet, solltest du die Position der Augen überprüfen. Sie stellt oft eine Fehlerquelle dar. Das Auge sollte auf den Punkt blicken, an dem sich Nasenwurzel und Stirn treffen.

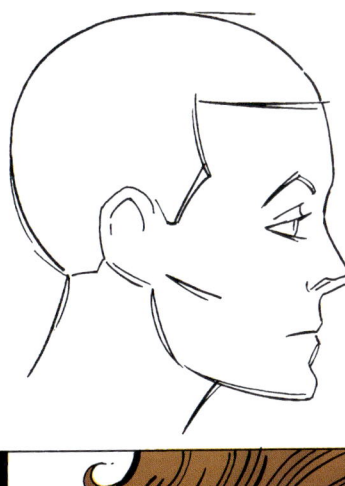

Zeichne Details wie die Haare und einen Ohrring.

SEITEN-ANSICHT

Was hat es mit dem Profil auf sich? Einerseits muss es wie gemeißelt aussehen, um die Winkel von Stirn, Nase und Kinn hervorzuheben. Andererseits sollte es weich und ansprechend wirken. Wie man beides gleichzeitig schafft? Sieh selbst!

DYNAMISCHE KOPFHALTUNG

Du musst deine Figuren aus verschiedenen Perspektiven zeichnen können, da sie nicht immer in perfekter Vorder- oder Profilansicht Schläge austeilen oder von einem Gebäude fliegen. Die Köpfe neigen sich zum Leser oder von ihm weg. Wenn du also den Kopf in verschiedenen Winkeln zeichnest, dann gehe von der ursprünglichen ovalen Form aus, konzentriere dich aber auf die einzelnen flächigen Binnenformen des Gesichts. So ist etwa das Kinn eine Fläche, der Wangenknochen eine andere und der Bereich zwischen Augenbraue und Auge eine dritte. Jede Fläche steht in einem unterschiedlichen Winkel zu den anderen. Diese Bereiche spiegeln den Knochenbau des Gesichts wider. Man muss sie andeuten, um dem Gesicht in diesen außergewöhnlicheren Perspektiven ein solides Aussehen zu verleihen und um zu vermeiden, dass es wie ein großer eintöniger Fleck wirkt.

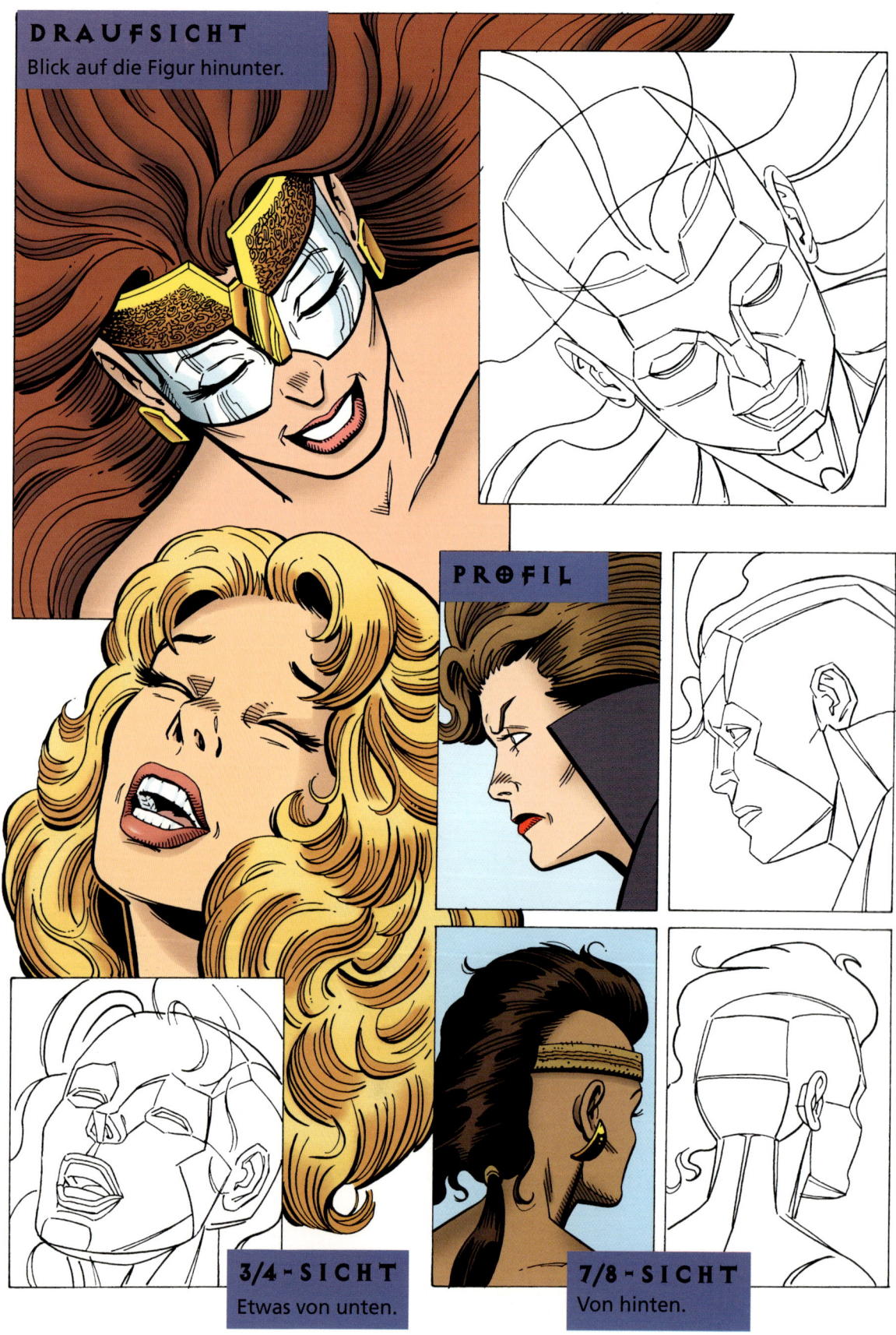

DRAUFSICHT
Blick auf die Figur hinunter.

PROFIL

3/4-SICHT
Etwas von unten.

7/8-SICHT
Von hinten.

VON UNTEN
Blick zur Figur hinauf.

3/4 - KOPF
Mehr von einer Seite des Gesichts als von der anderen.

3/4 - SICHT
Von hinten links.

VERLOREN IN IHREM BLICK

In Comicheften sind die Augen einer umwerfenden Frau tödlicher als jede Waffe. Der Seitenblick einer gefährlichen Blondine kann Verrat bedeuten. Der flirtende Blick einer Brünetten macht selbst den stärksten Mann schwach.

Bevor man mit einem Auge Gefühle ausdrücken kann, muss man erst einmal die Augenform zeichnen können. Beginnen wir mit dem Wesentlichen. Die Wimpern sollten am oberen Lid immer länger sein als am unteren; sie sollten länger werden, je weiter sie sich von der Nase zum Ohr hin entfernen. Ein Glanzlicht in der Pupille ist wie die Politur eines neuen Wagens. Du solltest es so oft wie möglich verwenden.

Neben der Augenform legt die Blickrichtung den Ausdruck fest. Manchmal sehen dich Augen direkt an, dann weichen sie wieder dem Blick aus. Augenlider, besonders die gerne übersehenen unteren, sind stets aussagekräftig. Details wie die Falten an der Nasenwurzel, die Form der Augenbrauen und die Falten darüber tragen zu einem starken Ausdruck bei.

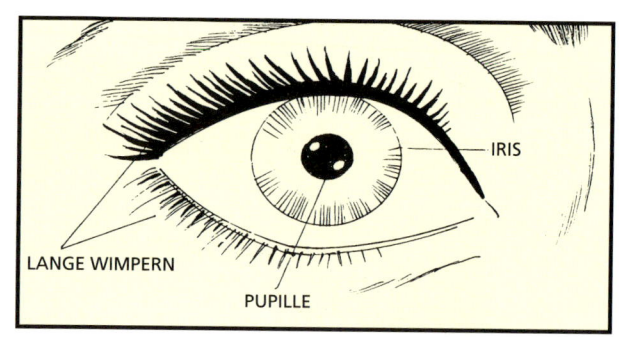

TRAURIG

Der Blick ist gesenkt. Man sieht nur die oberen Lider. Deren lange Wimpern weisen bogenförmig nach unten und in Richtung der Ohren.

BERECHNEND

Wehe, man dreht dieser Frau den Rücken zu! Die schweren oberen Augenlider berühren die Pupillen. Stets so zeichnen, dass eine Augenbraue hochgezogen ist.

FEURIG

Beim feurigen Blick, meinem liebsten Gesichtsausdruck, wirken die unteren Lider wie ein Strich, während die zusammengezogenen Augenbrauen das Oberlid und den Augapfel einengen.

FLIRTEND

Ein Blick durch dichte Wimpern bei leicht hochgezogenen Augenbrauen seitwärts.

ÜBERRASCHT

Die Augen sind weit aufgerissen und man sieht das Weiße über der Iris. Die Augenbrauen sind extrem hochgezogen. Zeichne die Wimpern oben und unten sehr kräftig.

BESORGT

Die Augenbrauen sind leicht zusammengezogen und der Blick der weit geöffneten Augen ist seitwärts gerichtet.

DIESE LIPPEN!

Volle, sinnliche, schmollende Lippen – ohne sie vergeudest du einfach die Zeit der Leser. Die Unterlippe ist gewöhnlich voller als die Oberlippe, während die Oberlippe meist in der Mitte eine Einkerbung hat.

DIE UNTERLIPPE IST VOLLER ALS DIE OBERLIPPE.

SCHMOLLEND
Die Oberlippe verschwindet unter der vorgeschobenen Unterlippe.

WÜTEND
Die Oberlippe ist zum Fauchen hochgezogen.

SEXY
Als ob sie dir einen Kuss zufliegen lässt.

AMÜSIERT
Ein Lächeln, bei dem man nur die oberen Zähne sieht.

ÄNGSTLICH
Beißt sich eine Frau auf die Unterlippe, deutet das im Comic immer Angst an.

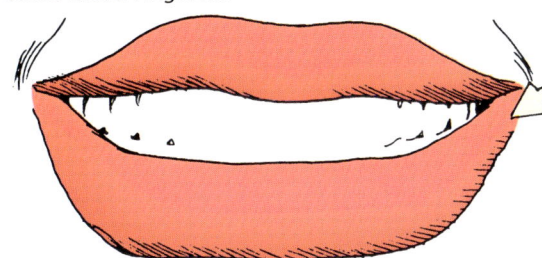

Deute die Zähne nur an den Rändern an, aber nicht in der Mitte. Stellt man jeden Zahn einzeln dar, sieht das unnatürlich aus und lenkt von den Lippen ab.

FURCHT ERREGEND
Wenn schon jemand dein Blut saugen muss, warum nicht sie? Es gibt schlimmere Todesarten. Entblößte Zähne zeigen auf animalische Art böse Absichten.

DIE WEIBLICHE NASE: EINE PROBLEMZONE FÜR JEDEN ZEICHNER

Wie oft hast du schon das Gesicht einer schönen Frau gezeichnet und dann doch alles mit der Nase ruiniert? Dieser Teil des weiblichen Gesichts soll schon so manchen Zeichner in den Wahnsinn getrieben haben ... Der Trick liegt jedoch darin, weniger zu zeichnen statt mehr. Deute die Nase nur leicht an. Jeder Versuch, sie mit grober Hand einzumeißeln, ist zum Scheitern verurteilt.
Besonders attraktiv ist eine leichte Stupsnase.

DIE NASENSCHEIDEWAND HAT MANCHMAL EIN KLEINES GRÜBCHEN.

Die Nase bewegt sich je nach Gesichtsausdruck. Sie kann sich blähen oder man kann sie rümpfen.

16

BEIM COMIC-COIFFEUR: DIE FRISUR

Die Frisur einer Frau sagt viel über ihre Einstellung zum Leben aus. Sie ist persönlich und einmalig wie ihre Kleidung oder ihr Gang. Comicfrauen sollten im Allgemeinen gestylt und seriös wirken. Achte darauf, wie das Haar ins Gesicht und auf die Schultern fällt, ob es kurz ist, hoch steht oder wellig fließt. Zeichne einzelne Strähnen sorgfältig in einer Richtung und gleiche den Schwung mit weiteren Strähnen in der Gegenrichtung aus. Auf schwarzes Haar setzt man gelegentlich Glanzlichter. Ein Glanzlicht auf zurückgekämmtem Haar lässt es nass aussehen.

IDEALISIERTE KÖRPERPROPORTIONEN

Frauen in Comicheften ähneln jenen in Werbezeichnungen, da sie viel langgestreckter sind als in der Wirklichkeit. Außerdem sind sie muskulös und gut gebaut. Vermeide Comicfrauen, die zu dünn oder zu plump sind. Sie sollen weder Bohnenstangen noch Bodybuilder sein. Comicfrauen sind trotz ihrer erkennbaren Körperkraft *vorrangig und immer* feminin – mit schwungvoll gerundeten Kurven, breiten Schultern, schmaler Taille, breiten Hüften und wohl geformten Beinen.

Um die Größe einer Figur festzusetzen, musst du dir überlegen, wie oft der Kopf in die Körperlänge passen soll. Normalerweise ist ein Mensch 6½ Köpfe hoch. In Comics ist die idealisierte Frau dagegen *9½ Köpfe groß*.

WIE GROSS MUSS SIE SEIN?

Ist die 9½-Köpfe-Regel unumstößlich? Nein. Sie ist nur das *Idealmaß*. Man kann Frauen größer (siehe rechte Seite) oder kleiner zeichnen, aber ich garantiere, dass eine Comicbraut mit einer Körpergröße von nur 6½ Köpfen erstaunlich plump aussehen wird. Also bleib lieber bei der gestreckten Figur.

All diese Frauen entsprechen typischen Comic-Körpermaßen. Je größer, desto eindrucksvoller und überirdischer erscheinen sie. Je eher sie der 9½-Köpfe-Regel entsprechen, desto „normaler" wirken sie trotz ihres Kostüms. Deshalb haben die links und in der Mitte gezeigten Frauen vielleicht keine ganz so übernatürliche Aura. Da sie aber näher an der „Normalgröße" sind, wirken sie eher wie eine Vertraute oder Freundin als eine größere Figur. Das erleichtert die Leserbindung. Aber eines ist klar: Beim Kampf gegen das Böse entpuppen auch sie sich als reinste Wildkatzen!

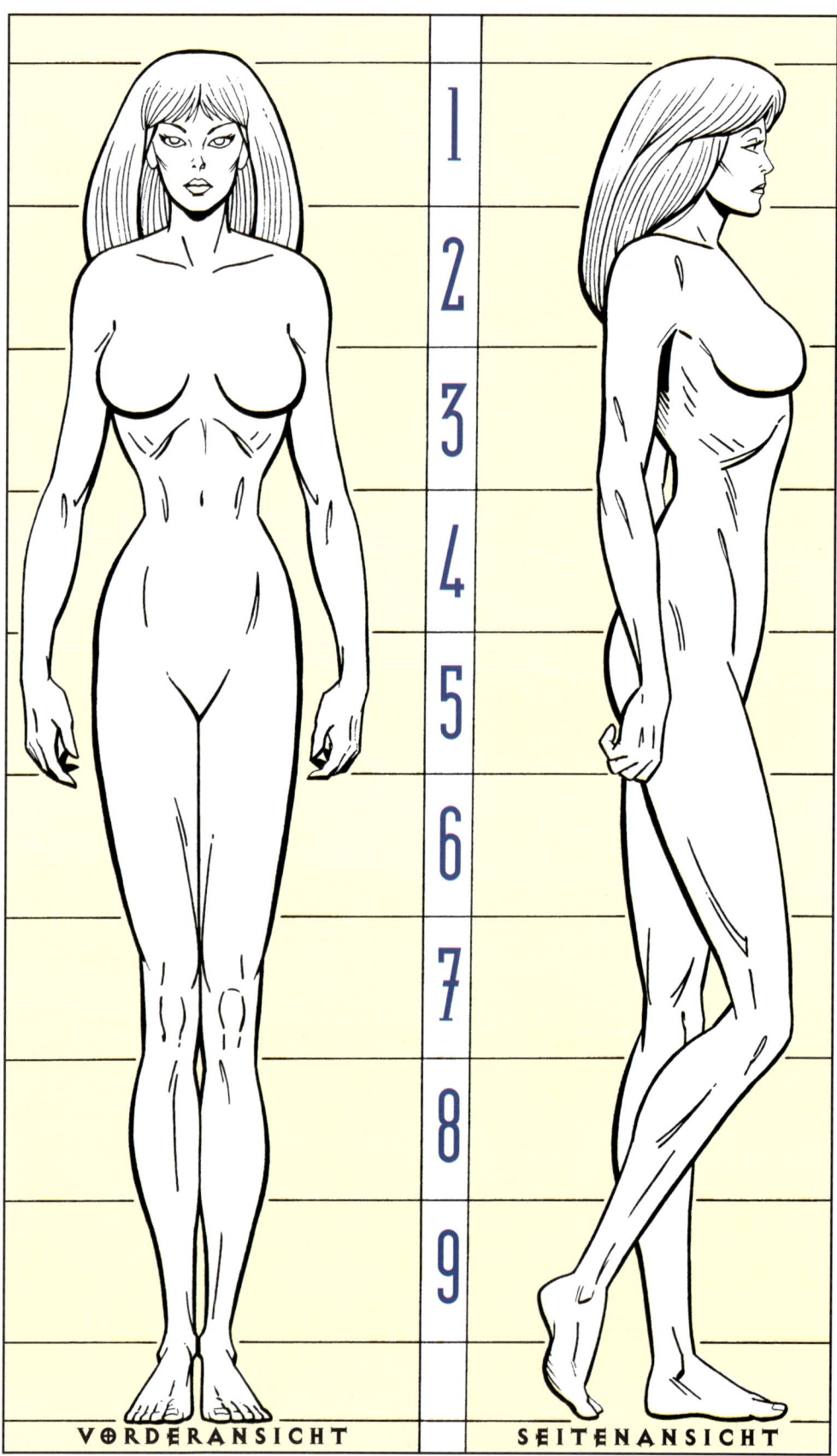

VORDERANSICHT   SEITENANSICHT

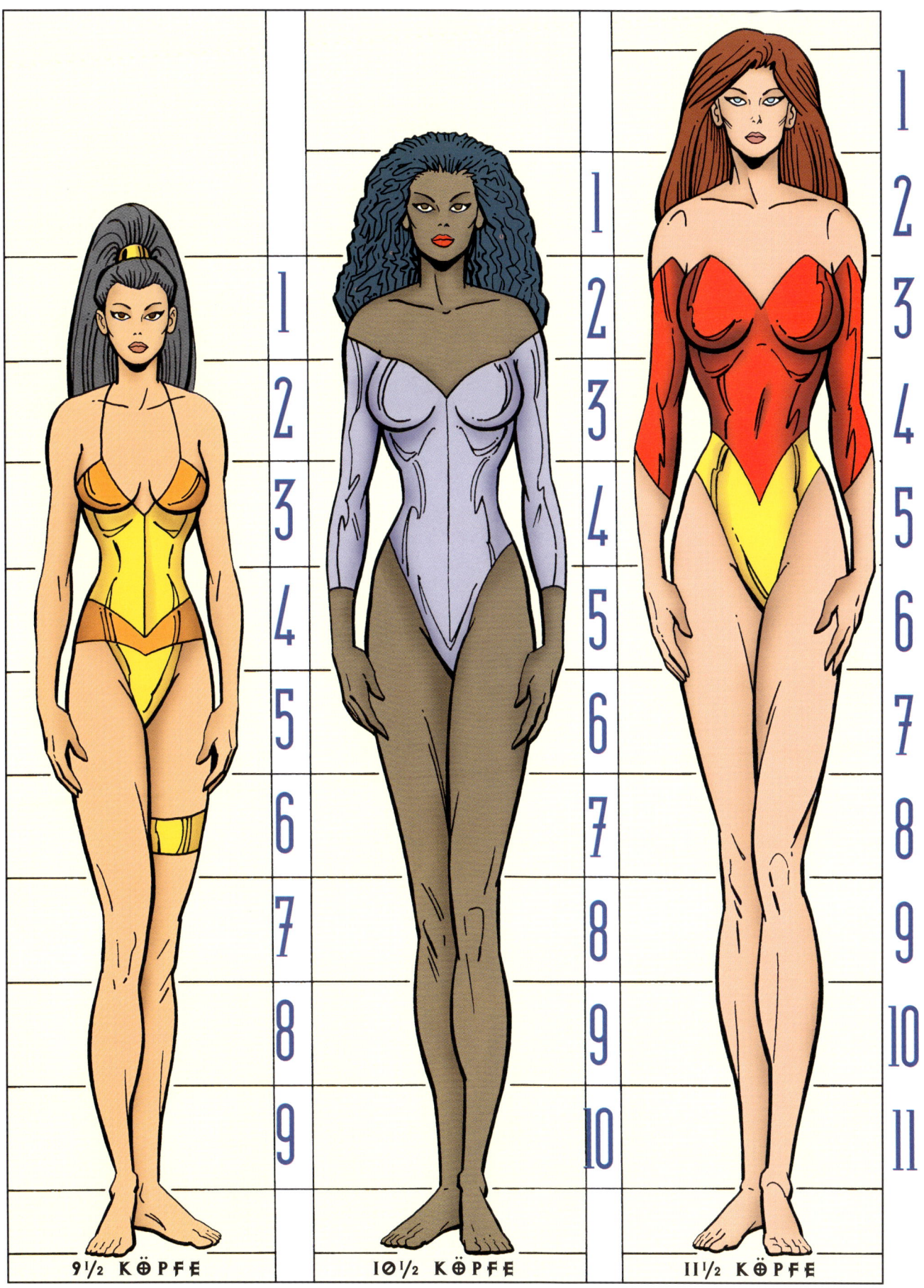

9½ KÖPFE   10½ KÖPFE   11½ KÖPFE

IDEALISIERTE KÖRPER IN VOLLER KAMPFMONTUR

Hier sind die drei Frauen der vorhergehenden Seite, nur jetzt in Actionpose und Kostüm. Sie sind bereit, es mit der ganzen Welt aufzunehmen – und zu siegen. Sie sehen so imposant aus, dass nicht einmal ein Muskelprotz es wagen würde, hinter ihnen herzupfeifen.

Das weibliche Skelett ähnelt zwar dem des Mannes, aber es gibt doch Unterschiede. So ist insbesondere das Becken kurz und breit. (Dort wird mehr Platz benötigt, denn wo sollten sonst die Babys herkommen?) Das Becken des Mannes ist lang und schmal. Der Brustkorb der Frau ist schmaler als der des Mannes, und auch alle Knochen der Extemitäten sind bei der Frau weniger dick als beim Mann.

Nichtsdestotrotz gibt es bei beiden Skeletten wichtige Übereinstimmungen. Der Brustkorb ist gerundet und hat, wie das Becken, eine beträchtliche Tiefe. Wo große Knochen durch Gelenke verbunden sind, findet man starke Verdickungen, egal ob an der Schulter, am Ellbogen, der Hüfte, dem Knie oder an Hand- und Fußgelenken. Das Knie hat zusätzlich die schützende Kniescheibe. Und der Fersenknochen steht hinten über.

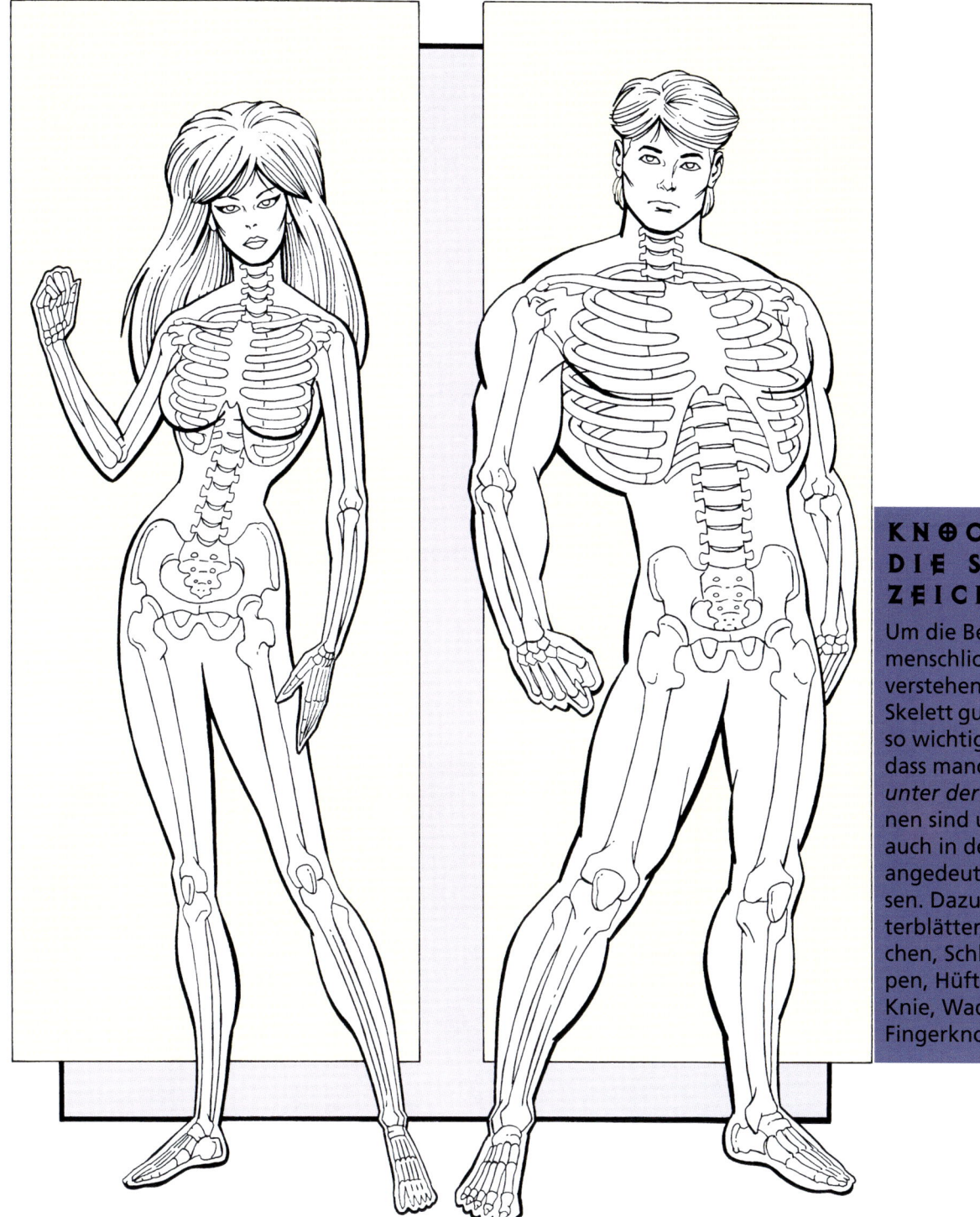

KNOCHEN, DIE SICH AB-ZEICHNEN

Um die Bewegung der menschlichen Gestalt zu verstehen, muss man sein Skelett gut kennen. Ebenso wichtig ist das Wissen, dass manche Knochen *unter der Haut* zu erkennen sind und folglich auch in der Zeichnung angedeutet werden müssen. Dazu gehören Schulterblätter, Wangenknochen, Schlüsselbein, Rippen, Hüfte, Ellbogen, Knie, Wadenbein und Fingerknochen.

DIE EINZELTEILE DES KÖRPERS

Ein Künstler zeichnet selten das ganze Skelett des darzustellenden Körpers. Das ist zu komplex, unnötig und uninteressant! Wir brauchen aber eine Art Grundkonstruktion; daher bedienen wir uns der anatomischen Kurzschrift und unterteilen den Körper in Einzelteile, die wie Legosteine zusammenpassen. Wir bleiben uns des Skeletts bewusst, müssen aber nicht jede Rippe und jeden Knochen zeichnen. Uns interessieren nur die wichtigsten Körperteile in richtiger Kombination und Proportion. Bewegliche hölzerne Modellpuppen, wie man sie in jedem Fachgeschäft für Zeichenbedarf findet, vermitteln ein gutes Bild des Körperaufbaus.

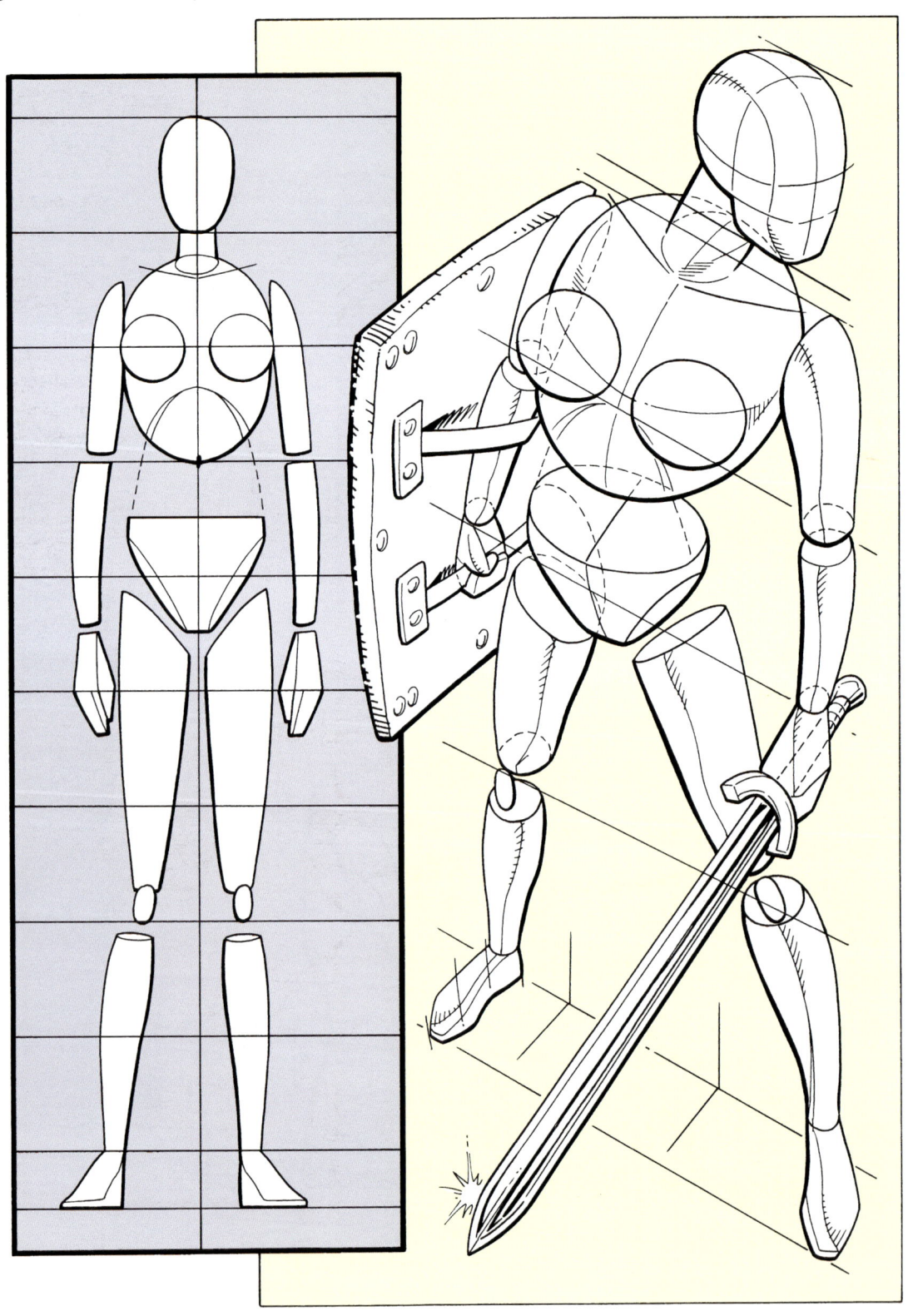

DIE FIGUR IN BEWEGUNG

Die Vereinfachung des Körpers hilft nicht nur beim Zeichnen statischer Posen, sondern ermöglicht es auch, jede denkbare Bewegung zu gestalten, wenn wir schwierige Bewegungsabläufe zerlegen. Wenn du Probleme hast, eine schwierige Pose zu zeichnen, analysiere sie oder entwirf sie mithilfe einer beweglichen Modellpuppe. Diese Figuren kann man als Zeichenvorlage in viele Posen drehen und verbiegen. Sie sind ein gutes Vorbild für weibliche Körper, bei denen dem Leser die Augen übergehen.

AUSSAGEKRÄFTIGE HÄNDE

Sehr schmale, zarte Hände passen nicht ins moderne Comicheft. Die Hand der gut aussehenden Comicfrau ist zwar schlank und schön, aber auch stark, vertrauensvoll und dramatisch.

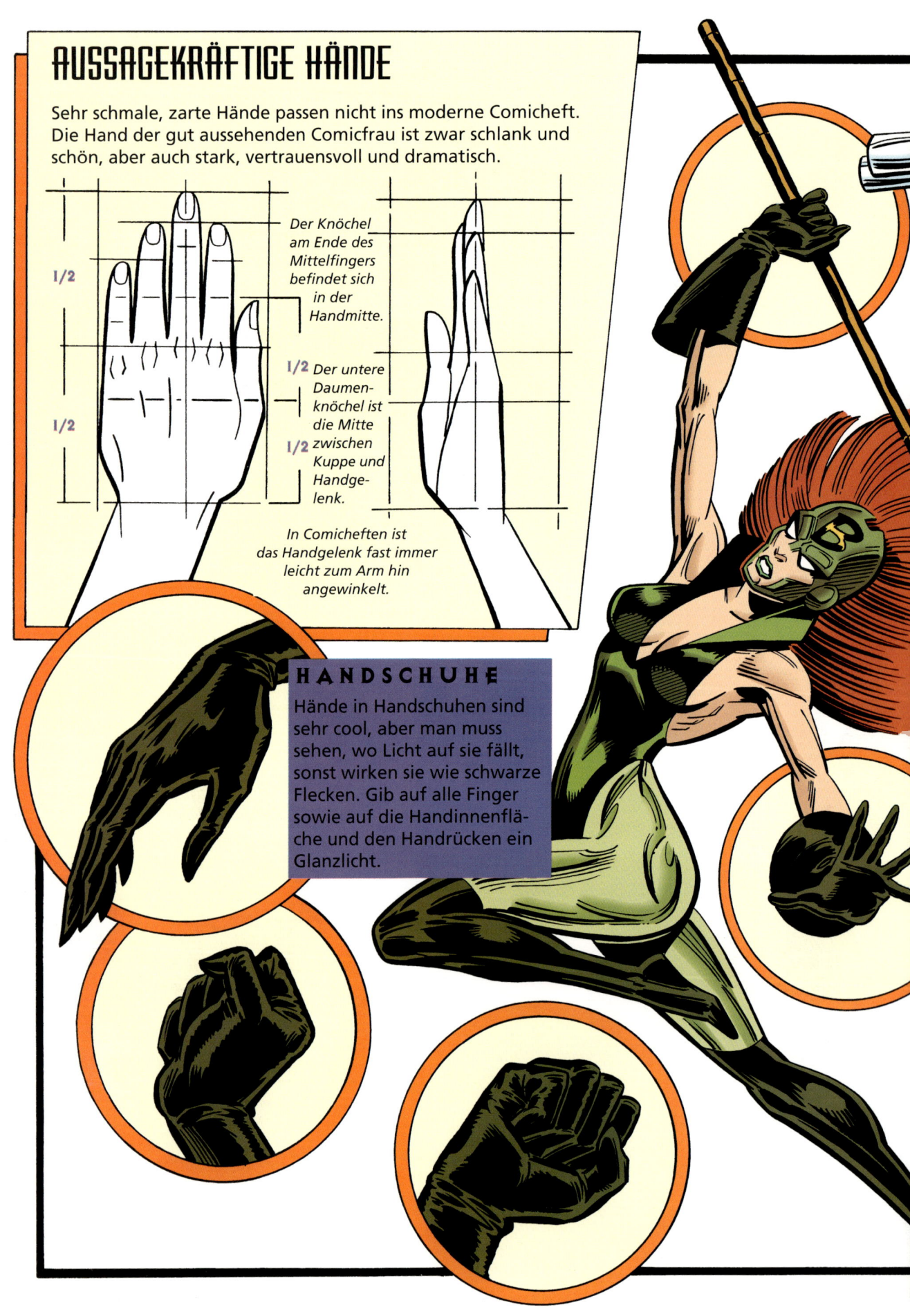

Der Knöchel am Ende des Mittelfingers befindet sich in der Handmitte.

1/2

Der untere Daumenknöchel ist die Mitte zwischen Kuppe und Handgelenk.

In Comicheften ist das Handgelenk fast immer leicht zum Arm hin angewinkelt.

HANDSCHUHE

Hände in Handschuhen sind sehr cool, aber man muss sehen, wo Licht auf sie fällt, sonst wirken sie wie schwarze Flecken. Gib auf alle Finger sowie auf die Handinnenfläche und den Handrücken ein Glanzlicht.

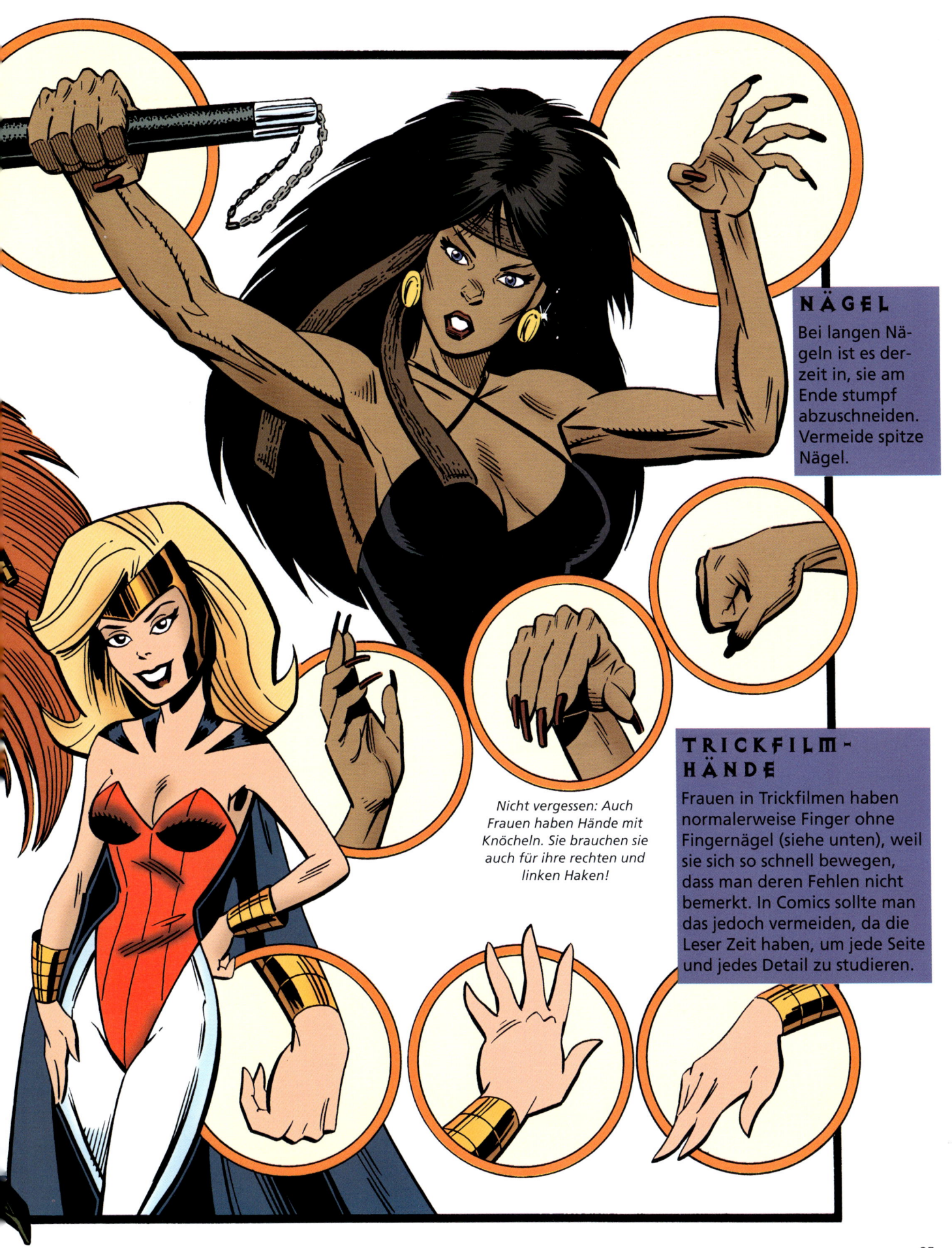

NÄGEL

Bei langen Nägeln ist es derzeit in, sie am Ende stumpf abzuschneiden. Vermeide spitze Nägel.

TRICKFILM-HÄNDE

Frauen in Trickfilmen haben normalerweise Finger ohne Fingernägel (siehe unten), weil sie sich so schnell bewegen, dass man deren Fehlen nicht bemerkt. In Comics sollte man das jedoch vermeiden, da die Leser Zeit haben, um jede Seite und jedes Detail zu studieren.

Nicht vergessen: Auch Frauen haben Hände mit Knöcheln. Sie brauchen sie auch für ihre rechten und linken Haken!

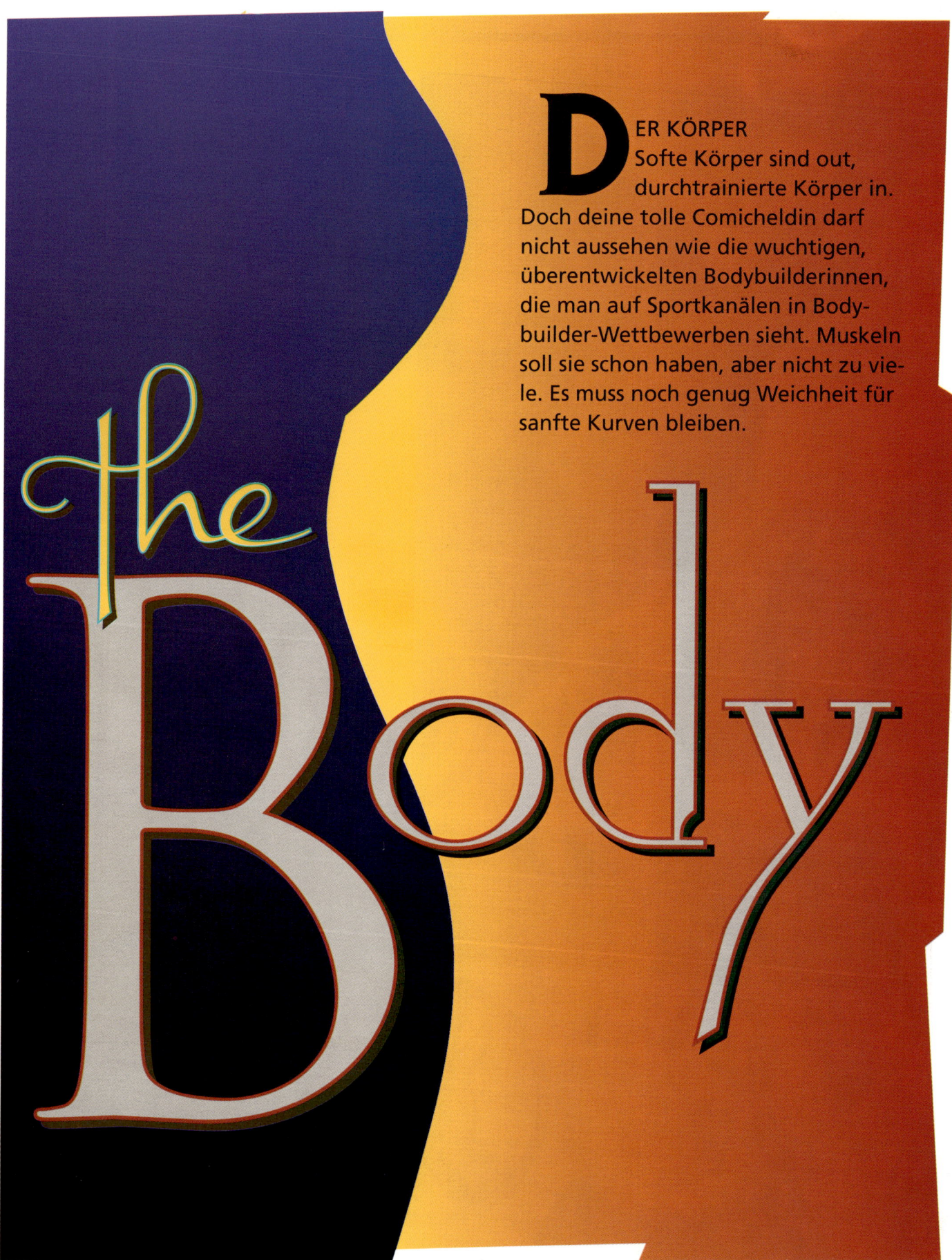

DER KÖRPER
Softe Körper sind out, durchtrainierte Körper in. Doch deine tolle Comicheldin darf nicht aussehen wie die wuchtigen, überentwickelten Bodybuilderinnen, die man auf Sportkanälen in Body-builder-Wettbewerben sieht. Muskeln soll sie schon haben, aber nicht zu viele. Es muss noch genug Weichheit für sanfte Kurven bleiben.

The Body

DIE VERSCHIEDENEN MUSKELGRUPPEN

Frauen haben die gleichen Muskeln wie Männer, aber sie sollten länger und schmaler erscheinen und sich bei Anspannung nicht so aufblähen. Der Trick ist, Comicfrauen aussehen zu lassen wie Turnerinnen, Comicmänner dagegen wie Möbelpacker.

Ein Muskel tritt besonders gut hervor, wenn man ihn einzeln anspannt, die übrigen Muskeln jedoch entspannt lässt. Am besten geht das beim Gewichtheben, denn dabei kann man sich gezielt auf einzelne Muskelgruppen konzentrieren und sie studieren.

DELTA-MUSKEL

Der Deltamuskel der Schulter hat drei Abschnitte: hinten, seitlich und vorne. Genau genommen sieht er wie ein großer Tropfen auf der Schulter aus. Bei einer Frau sollte er nicht so melonenförmig ausgeprägt sein wie bei einem Mann.

DER RÜCKEN

Hier sieht man gut, wie Schulter- und Rückenmuskulatur am Rückgrat aufeinander treffen. Beachte, dass man die Schulterblätter bei einer muskulösen, durchtrainierten Gestalt deutlich sehen kann.

TRAPEZIUS

Die Trapez- oder Kapuzenmuskeln sehen wie ein großes, flaches Dreieck zwischen Nacken und Schulterblättern aus. Sie bewegen sich nur beim Heben, etwa bei dieser Ruderübung im Stehen. Bei Frauen zeichnet man sie entweder klein oder gar nicht. Ein Frauenhals sollte nie die ausgeprägten Trapezmuskeln von Bodybuildern oder Profi-Wrestlern aufweisen.

BAUCHMUSKELN

Anders als beim Mann, wo die Bauchmuskeln durch den Waschbrettbauch charakterisiert werden, zeichnet man die Bauchmuskeln der Frau in Linien längs der Figur. Stelle nicht jeden Bauchmuskel deiner Comic-Traumfrau dar, sonst sieht sie zu maskulin aus.

STEMMBEWEGUNGEN

Um ein Gewicht hochzu-
stemmen, werden Schul-
ter- und Brustmuskeln
sowie der Unterarmstre-
cker bewegt. Doch keine
Angst, kein Comiczeich-
ner muss wissen, wie all
diese Muskeln auf Latei-
nisch heißen. Die meisten
kennen sie nicht einmal
auf Deutsch. Aber sie
können sie zeichnen,
und darauf kommt es
an. Denke daran,
die Muskeln am
Unterarm einer
Frau, im Ge-
gensatz zur
Darstellung
bei Comichelden,
auf ein Minimum
zu beschränken.

WADEN

Der Hauptteil der Wadenmuskulatur sitzt in der oberen Hälfte der Wade. Obwohl sie aus mehreren Muskeln besteht, wirkt sie ansprechender, wenn du sie als Einheit zeichnest.

Die Beinmuskeln gehören zu den längsten Muskeln des Körpers. Comiczeichner befassen sich im Wesentlichen mit den drei hier abgebildeten Typen. Beachte beim Zeichnen einer Comicfrau, dass die Schenkel und Waden muskulös sein sollen, aber nicht so ausgeprägt wie bei Männern.

BEINBIZEPS

Dieser Muskel befindet sich auf der Rückseite der Oberschenkel. Er besteht eigentlich aus zwei Muskeln, aber es ist unnötig, beide in einer Zeichnung anzudeuten.

SCHENKEL-STRECKER

Wird der Schenkelstrecker oder Quadrizeps oberhalb des Knies angespannt, sind – wie hier – drei der vier Muskelpartien deutlich zu sehen.

DIE MUSKELN IN BEWEGUNG

Nachdem du auf den vorhergehenden Seiten die einzelnen Muskeln gesehen hast, kannst du sie hier in der Bewegung studieren. Muskeln sind wie Reservisten einer Armee: Je nach der anstehenden Aufgabe wird der entsprechende Spezialist eingesetzt.

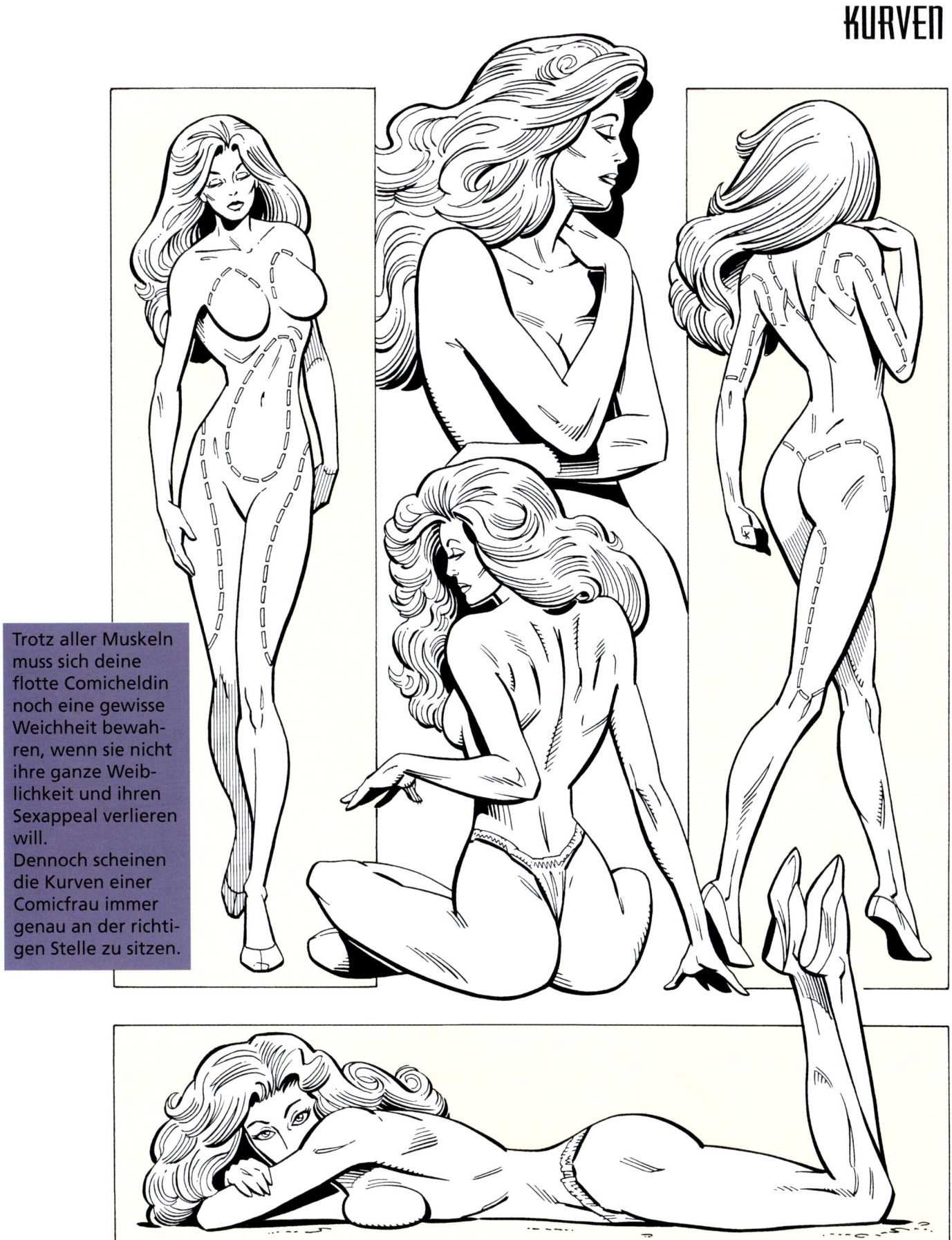

Trotz aller Muskeln muss sich deine flotte Comicheldin noch eine gewisse Weichheit bewahren, wenn sie nicht ihre ganze Weiblichkeit und ihren Sexappeal verlieren will.
Dennoch scheinen die Kurven einer Comicfrau immer genau an der richtigen Stelle zu sitzen.

EINE FIGUR IM „RUNDUMBLICK"

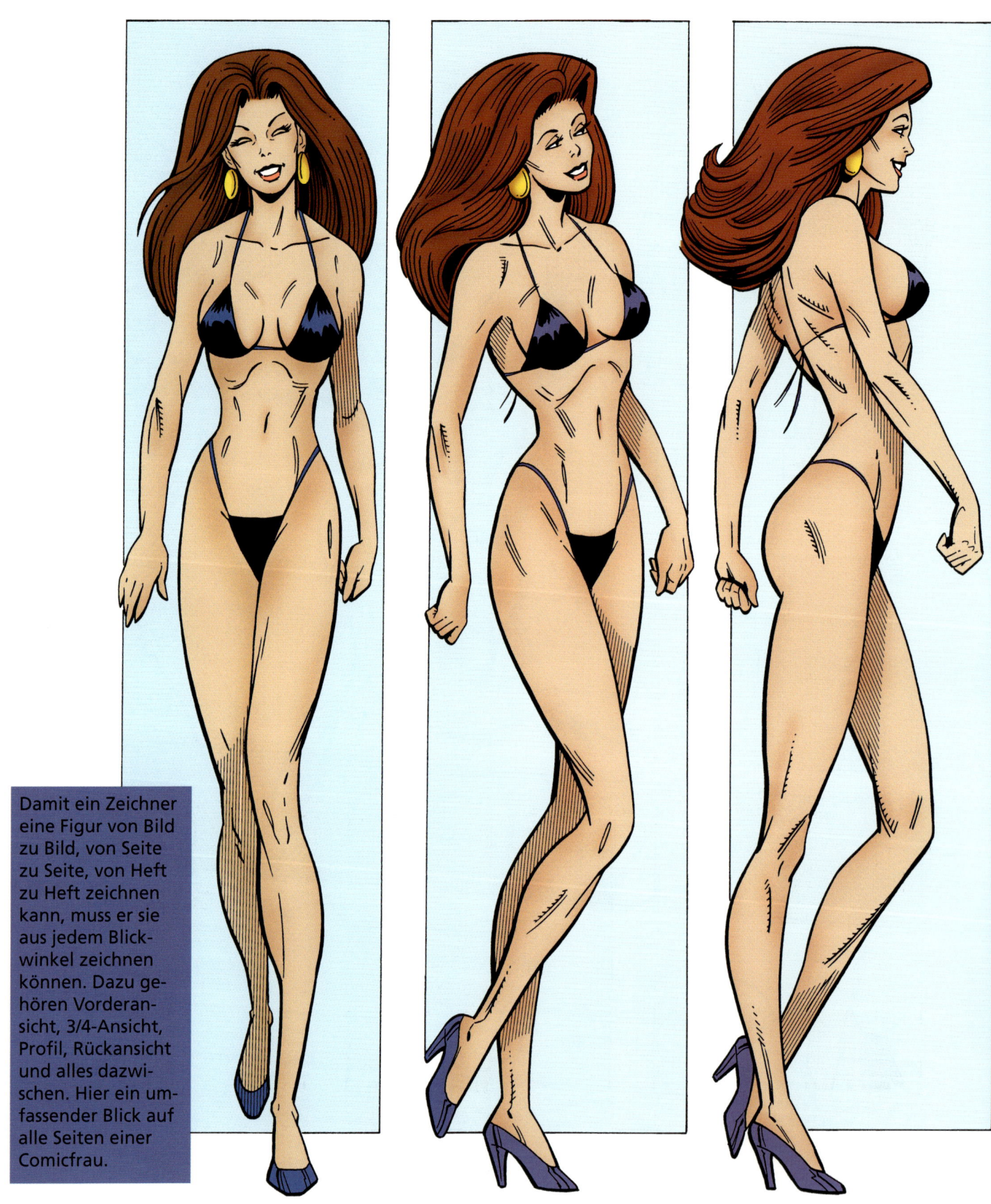

Damit ein Zeichner eine Figur von Bild zu Bild, von Seite zu Seite, von Heft zu Heft zeichnen kann, muss er sie aus jedem Blickwinkel zeichnen können. Dazu gehören Vorderansicht, 3/4-Ansicht, Profil, Rückansicht und alles dazwischen. Hier ein umfassender Blick auf alle Seiten einer Comicfrau.

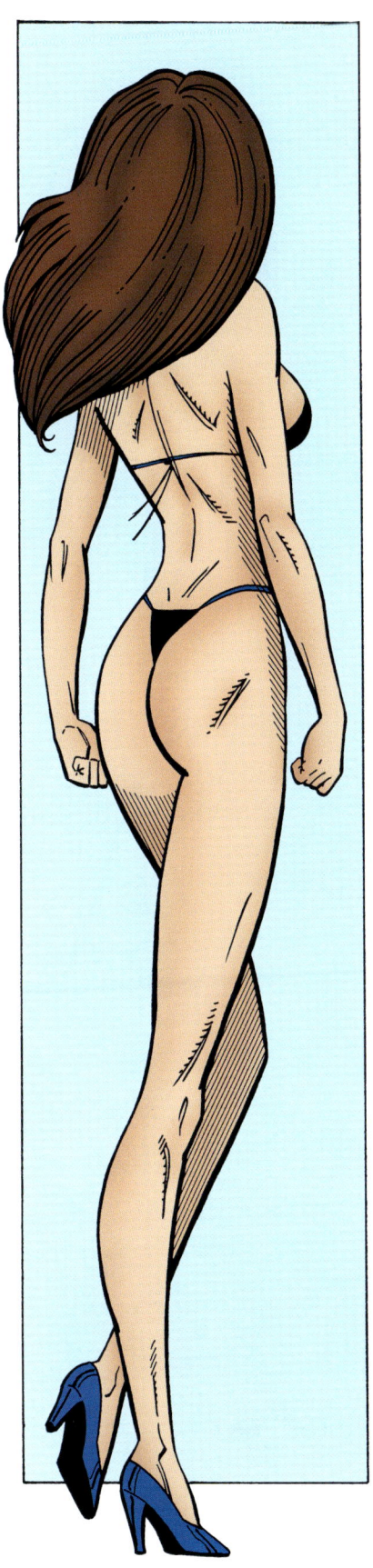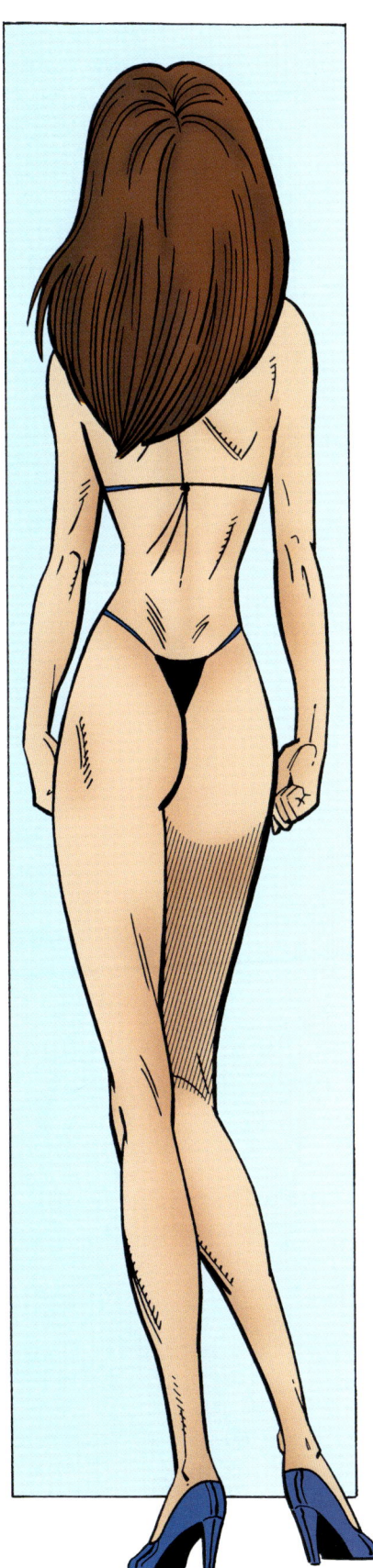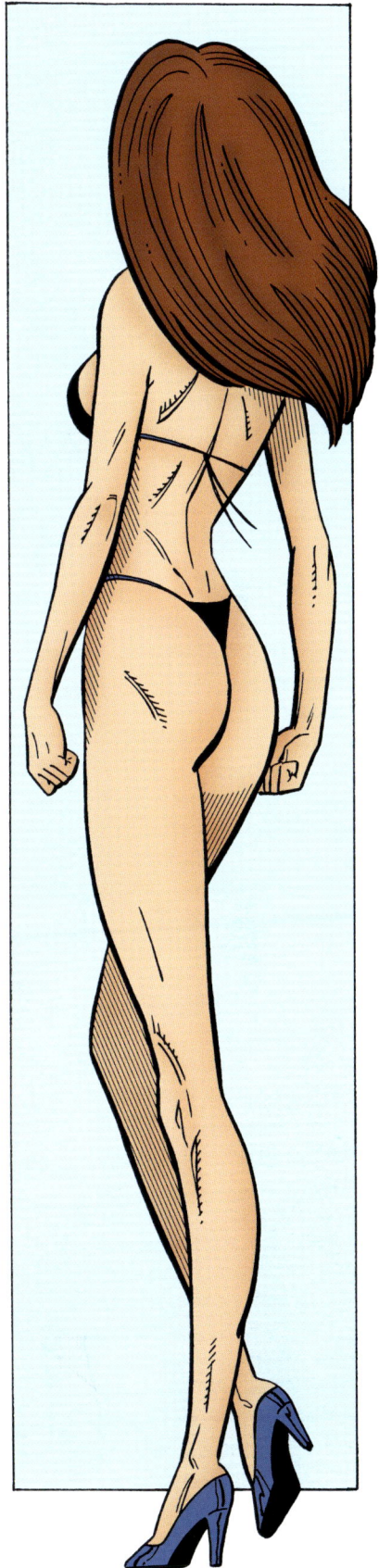

DIE KÖRPEROBERFLÄCHE

Wenn von oben Licht auf eine Figur fällt
(sei es von einer Lampe im Raum oder von
der Sonne), werfen hervorstehende Körperteile Schatten auf andere Körperteile.
Da die Körperoberfläche aus vielen Hü-
geln und Tälern aus Muskeln, Knochen
und Fett besteht, gibt es Flächen, die
im Licht stehen und andere, die
im Schatten liegen. Das macht
deine Zeichnungen stimmiger
und dramatischer. Und es
hilft, deine Figuren realistisch
und wirklich dreidimensional
aussehen zu lassen.

DIE KÖRPER-
EBENEN IN
GLÄNZENDEN
KOSTÜMEN

Die Körperebenen sehen
in Kostümen mit Glanz-
effekt besonders prägnant
aus (siehe rechts). Der
glänzende, Licht reflek-
tierende Look wird
durch geschwungene
Linien unterschiedlicher
Dicke dargestellt. Wenn
man genau hinsieht, kann
man feststellen, dass die
Linien in bestimmten
Bereichen angeordnet
werden, die verschiedene
Körperebenen andeuten.
Fällt etwa Licht oben auf
die Brust, liegt die Untersei-
te im Schatten, was mit den
erwähnten geschwungenen
Linien angedeutet wird. Auch
Teile des Bauchs und der Schenkel weisen diesen Effekt auf.
Beachte, dass manche Körperebenen je nach Körperhaltung
ihre Position zu verändern scheinen. Das hängt mit wech-
selndem Lichteinfall, der je-
weiligen Pose und dem Kostüm zusammen. Da hilft nur experimentieren.

DER SCHWERPUNKT

Um den Schwerpunkt zu finden, also die Stelle, an der der Körper im Gleichgewicht ist, zeichnest du eine Gerade vom Halsansatz zum Boden. Im Allgemeinen kann man den Körper zu beiden Seiten dieser Linie in zwei Hälften teilen, in denen sich jeweils eine Hälfte der Körpermasse befindet. Es gibt natürlich Ausnahmen, wie etwa die Pose links unten, in der der größere Teil der Körpermasse links vom Schwerpunkt zu sehen ist. Da die Heldin so viel Energie und Gewicht auf die linke Hand und den linken Fuß legt (von dir aus rechts), verteilt sich die Körpermasse ungleichmäßig. Da sie sich nicht im Gleichgewicht befindet, müsste sie umfallen, wenn sie sich nicht auf einen Felsbrocken aufstützen würde.

PERFEKTE BALANCE

DYNAMISCH **STATISCH** **DYNAMISCH**

STA-TISCH

DYNA-MISCH

STA-TISCH

Wenn du die Figur zeichnen kannst, musst du sie im nächsten Schritt in dramatischen, auffälligen Posen darstellen. Oder willst du eine toll aussehende Frau steif herumstehen lassen wie eine Küchenhilfe, die in einer Kantine Eintopf ausschenkt? Vor allem muss eine Pose eine Stoßrichtung haben, eine zielgerichtete Bewegung. Sie muss „etwas sein wollen". Der Körper muss sich strecken, biegen, nach etwas greifen. Das gilt auch, wenn die Figur stillsteht. Vergleiche die dynamischen und statischen Posen dieser drei Figurenpaare.

39

STARKE ACTIONPOSEN

Bei Actionposen in Comics geht es um alles oder nichts. Wenn die Heldin springt, zuschlägt oder kickt, darf ihr nicht die geringste Zurückhaltung anzumerken sein. Ihr ganzer Körper muss sich hundertprozentig in Bewegung versetzen. Das gilt natürlich auch für die Figur, die die Schläge *einstecken* muss.

Hinter dem hier gezeigten Schlag steckt keine Wucht, weil die Kämpferin aufrecht steht, anstatt den ganzen Körper in Aktion treten zu lassen. Vergleiche die Abbildung mit dem größeren Bild, um zu erkennen, welche Bedeutung die Körpersprache für die Bildwirkung hat.

SILHOUETTEN

Silhouetten können ein sehr wir-
kungsvolles erzählerisches Moment
sein. Der Zeichner setzt sie ein, um
Dramatik und Stimmung zu erzeugen, aber auch, um Abwechslung in
die Bildsprache zu bringen. Silhouetten können sexy, dynamisch und
stilvoll sein. Man sieht nur den Umriss der Figur und bemerkt deshalb
umso deutlicher deren Kurven.

Der Trick beim Zeichnen guter
Silhouetten besteht darin, mög-
lichst viele Gliedmaßen vom Körper
abzustrecken. Legt man die Arme
an den Körper, sind sie als solche
nicht zu erkennen und werden von
der schwarzen Fläche verschluckt.
Das zerstört die Kontur des Körpers. Natürlich darf es auch Über-
schneidungen geben, aber sorge
dafür, dass alle Gliedmaßen deutlich zu erkennen sind. Das ist die
beste Garantie dafür, dass die Silhouetten erfolgreich vermitteln,
was die dargestellte Pose ausdrücken will.

SEXY

Als Silhouette gezeichne-
te Frauen wirken geheim-
nisvoll, da es der Fantasie
überlassen bleibt, was die
in einer attraktiven Kör-
perkontur enthaltenen
Schatten verbergen.

ACTION

Um Actionposen in einer Silhouette
anzudeuten, spreizt man die Beine im
Stand weit auseinander. Man winkelt
Arme und Beine an oder zeigt den
Körper bei der Durchführung
einer bestimmten Bewegung.

STIMMUNG

Silhouetten eignen sich gut dazu, mithilfe von Gesten und Körperhaltungen auf subtile Weise eine Stimmung anzudeuten, ohne sich eines Gesichtsausdrucks zu bedienen. Die hier gezeigten Posen strahlen Nachdenklichkeit aus, so als stünde etwas Erfreuliches bevor.

Die Figuren stehen leichtfüßig da – sie haben die Finger abgespreizt und den Kopf erhoben.

ARMHALTUNG

Die Arme haben bei Silhouetten eine besondere Bedeutung, weil sie ein Gefühl von Symmetrie oder Gleichgewicht bewirken. Ein erhobener und ein gesenkter Arm ergeben eine fließende Linie. Bei Licht wäre das weniger deutlich, weil Muster und Faltenwurf der Kleidung von der Körperhaltung ablenken.

PERSPEKTIVISCHE VERKÜRZUNG

Hier handelt es sich um eine übertriebene Anwendung des Prinzips, dass etwas im Vordergrund größer aussieht als etwas im Hintergrund. Das gilt nicht nur für Gegenstände, sondern auch für den Körper. Um ihn in perspektivischer Verkürzung zu zeigen, muss man eine Pose wählen, bei der manche Körperteile mehr aus dem Bild treten, andere hingegen in den Hintergrund rücken. So hat man die Möglichkeit, die dem Betrachter zugewandten Partien zu übertreiben. Eine flache Pose, die den Körper nur in einer Ebene darstellt, reicht nicht aus, um etwas zu übertreiben, da kein Körperteil zum Betrachter hin in den Vordergrund gerückt ist.

Eine perspektivische Verkürzung muss stets begründet sein – etwa wenn eine Figur eindrucksvoller aussehen oder einer statischen Szene mehr Leben eingehaucht werden soll. Oder aber, wenn es die Szene einfach erfordert, weil du zu einer Figur aufschaust oder auf sie herabblickst.

DIE FROSCH-PERSPEKTIVE

Beim Blick von unten ist die untere Körperhälfte dem Betrachter näher als die obere. Um das zu betonen, wird ein Fuß vorgestellt und so dem Leser noch näher gebracht. Das vordere Bein und die untere Körperhälfte werden betont, während die obere Hälfte und insbesondere der Kopf verkleinert werden.

DIE VOGELPERSPEKTIVE

Will man eine Situation inszenieren, bei der man auf die Figur hinunterschaut, braucht man die perspektivische Verkürzung; die Person darf keinesfalls flach dargestellt werden. Die dem Betrachter nähere obere Körperhälfte muss also vergrößert und die untere entsprechend verkleinert werden. Das Resultat ist äußerst wirkungsvoll und lässt – wie hier – den Balanceakt auf dem Baumstamm um einiges gefährlicher aussehen.

FLIEGEN –
VORDERANSICHT

ACTIONPOSEN

Figuren in aktiveren Posen, wie beim Fliegen oder Greifen, erfordern ebenfalls eine perspektivische Verkürzung. Aber denke immer daran, nicht nur die Körperteile, die näher beim Betrachter sind, zu übertreiben, sondern auch die entfernteren Körperpartien kleiner zu zeichnen.

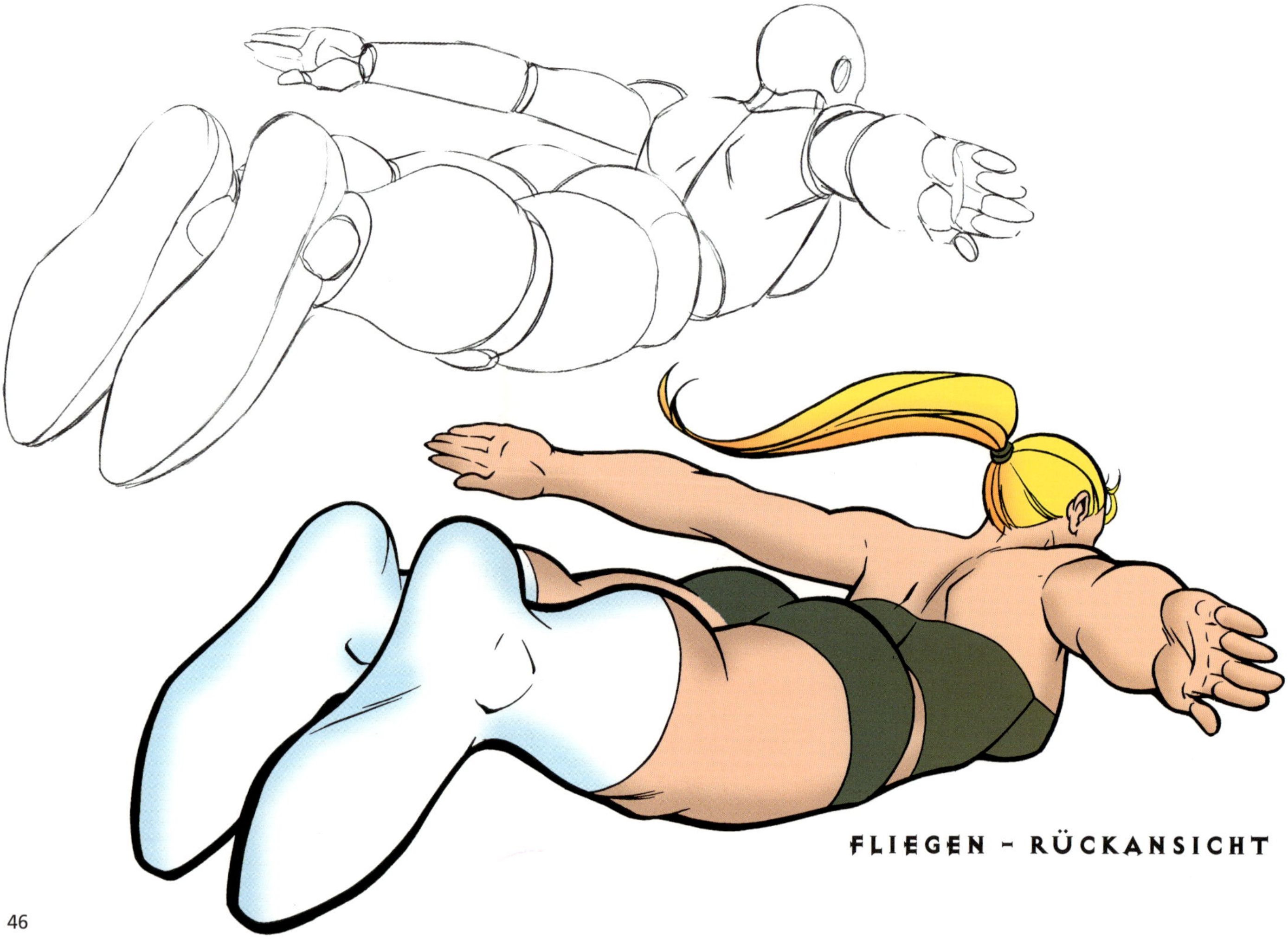

FLIEGEN – RÜCKANSICHT

FLIEGEN - NACH OBEN

GREIFEN

SUPER POWERS, WEAPONS, AND KILLER OUTFITS

SUPERKRÄFTE, WAFFEN UND HEISSE KOSTÜME

Wer an Superkräfte denkt, dem fallen auf Anhieb herkulische Kräfte und die Fähigkeit zu fliegen ein. Alles ein alter Hut! Kalter Kaffee! Hier sind die neuesten und tollsten Superkräfte, die deine Comicheldinnen haben müssen, wenn sie in einer Welt konkurrierender Supermenschen überleben wollen.

BESONDERE FÄHIGKEITEN

GESTALTWANDLUNG

Das ist die dramatischere Version der Metamorphose oder Evolution. Wenn große Kraft gebraucht wird, bietet diese Figur all ihre Energie auf, um sich in ein furchterregendes Monster zu verwandeln. Beachte die Bewegungslinien rings um die Figur. Sie deuten den Verwandlungsprozess an.

ATOMSCHLAG

Das geht weit über „normale" Superkraft hinaus. Diese Kraft ist so mächtig, dass bei jedem Schlag Atome gespalten werden und es eine kleine nukleare Explosion gibt.

SUPERSTACHELN

Manche Figuren haben Waffen, die Teil des Körpers sind. Dieser Frau wachsen Stacheln, die sie auch abschießen kann, wenn ihr jemand in die Quere kommt. Das ist schärfer als jedes Pfefferspray ...!

HYPNOSE

Starre ihr nicht in die Augen! Zu spät. Jetzt bist du ihr Sklave. Ging doch einfach, oder? Und jetzt bring mir eine Pizza mit extra Käse! Na gut, es funktioniert nicht immer. Um die unwiderstehliche, mesmerisierende Kraft anzudeuten, genügen diabolisches Gestikulieren, ein starrer Blick ins Auge des Lesers und im Hintergrund sich ausdehnende Kreise.

MENTALKRAFT

Das nennt man geschickt seinen Kopf benutzen! Dieses Mädchen kann jeden dazu bringen, ihrem Willen zu gehorchen, indem sie ihre riesigen Geisteskräfte zu einem gewaltigen Energiestrahl bündelt.

ERDBESCHWÖRUNG

Mit transzendentalen Kräften kann eine Erdbeschwörerin einen Wirbel aus Stein und Sand formen, in dem sie die Bösewichter lebendig begräbt und ihnen jede Flucht unmöglich macht. Fehlt nur noch eine Sprechblase mit einem heulenden Hua-ha-ha-ha!

ENERGIESTRAHLEN

Ein Energiestrahl ist immer nützlich, wenn man nach der Arbeit auf einen einsamen Parkplatz gehen muss. Beachte, dass der Energiestrahl am Ausgangspunkt nicht nur Richtung Ziel abstrahlt. Außerdem sollte ein dunkles Muster die Fläche hinter dem Energiestrahl füllen, um den Strahl durch den Kontrast besser hervorzuheben.

PYROTERROR

Diese Heldin sprüht mächtige, heiße Flammen. Sie ist besser als jeder normale Flammenwerfer, weil ihr nie die Kraft ausgeht und sie den Flammenstrahl variieren kann, wenn sie etwa die Power beider Hände zu einem breiten Feuerstoß kombiniert. Halte schon mal die Grillwürstchen bereit!

KÄMPFENDE FRAUEN

Warum die Dinge bereden und eine friedliche Lösung finden, wenn ein gezielter Kick viel schneller zum Ziel führt? Wenn man Kampfszenen mit Frauen zeichnet, muss man etwas kreativer sein als bei kämpfenden Männern. Das hängt damit zusammen, dass Frauen in aller Regel nicht so voluminös und gewichtig wie Männer sind und daher in ihrer Kampftechnik erfinderischer sein müssen, um echte Wirkung zu erzielen.

DER DOPPELKICK

Bei Comic-Kämpfen gilt folgende Regel: Sei auffällig! Wenn ein Einzeltritt genügt, ist ein Doppelkick noch besser. Beachte, dass die meisten Fußtritte mit der Ferse gekickt werden, nicht mit den Zehenspitzen. Teilt eine Figur Tritte aus, sollten die Füße entsprechend angewinkelt gezeichnet werden.

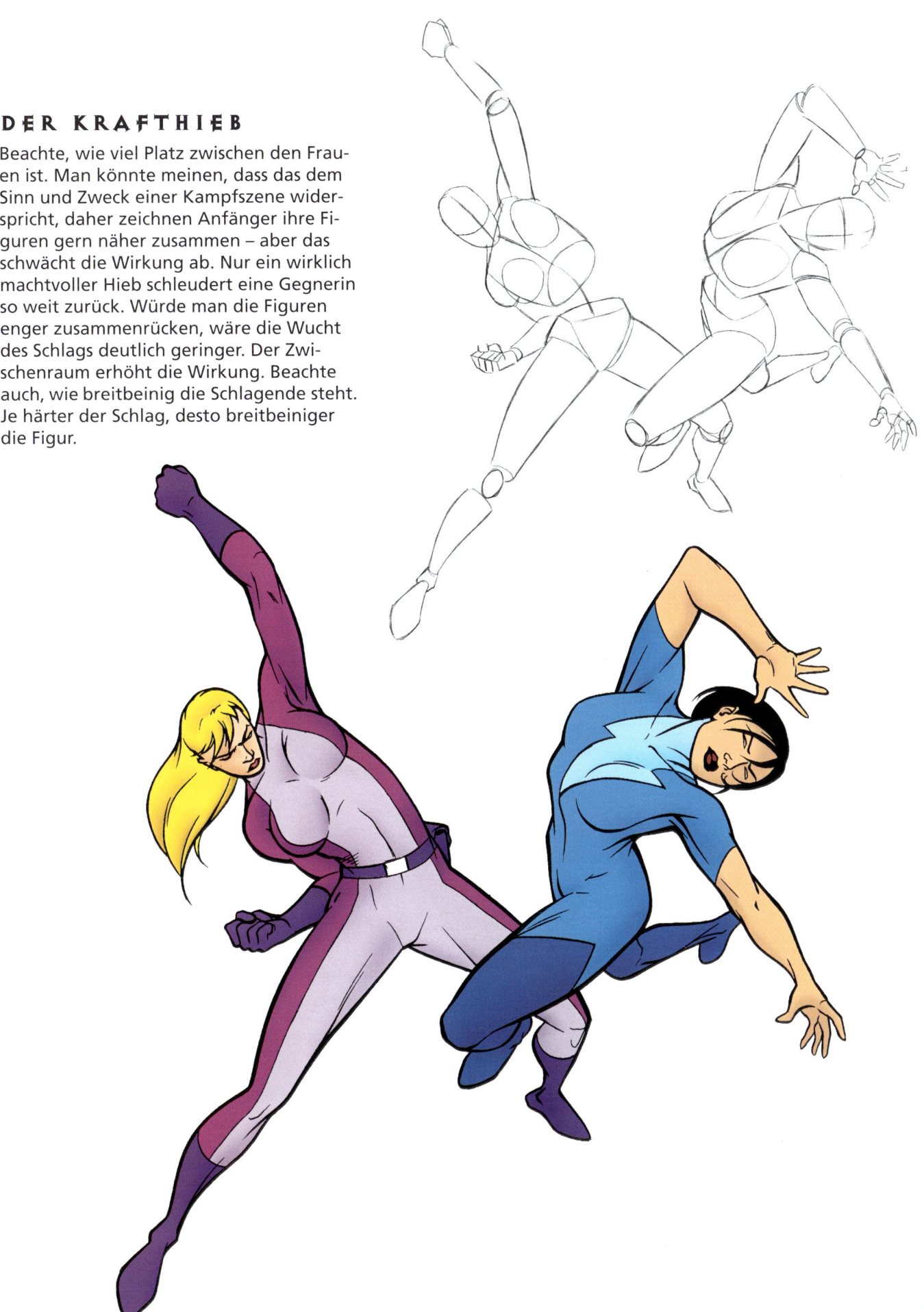

DER KRAFTHIEB

Beachte, wie viel Platz zwischen den Frauen ist. Man könnte meinen, dass das dem Sinn und Zweck einer Kampfszene widerspricht, daher zeichnen Anfänger ihre Figuren gern näher zusammen – aber das schwächt die Wirkung ab. Nur ein wirklich machtvoller Hieb schleudert eine Gegnerin so weit zurück. Würde man die Figuren enger zusammenrücken, wäre die Wucht des Schlags deutlich geringer. Der Zwischenraum erhöht die Wirkung. Beachte auch, wie breitbeinig die Schlagende steht. Je härter der Schlag, desto breitbeiniger die Figur.

UND NENN MICH NICHT „SÜSSE"!

Manche Kerle lernen nie. Dieser Kampfsportschlag für Fortgeschrittene kombiniert eine Beinklammer, Ziehen an den Haaren und einen Faustschlag. Das ergibt ein dramatisches, weil einmaliges Bild. Ebenso wichtig ist aber, dass es nicht zu komplex ist. Man sieht deutlich, was passiert. Du kannst Kampfsportzeitschriften als Referenzmaterial benutzen, wenn du solche Bewegungen zeichnen willst.

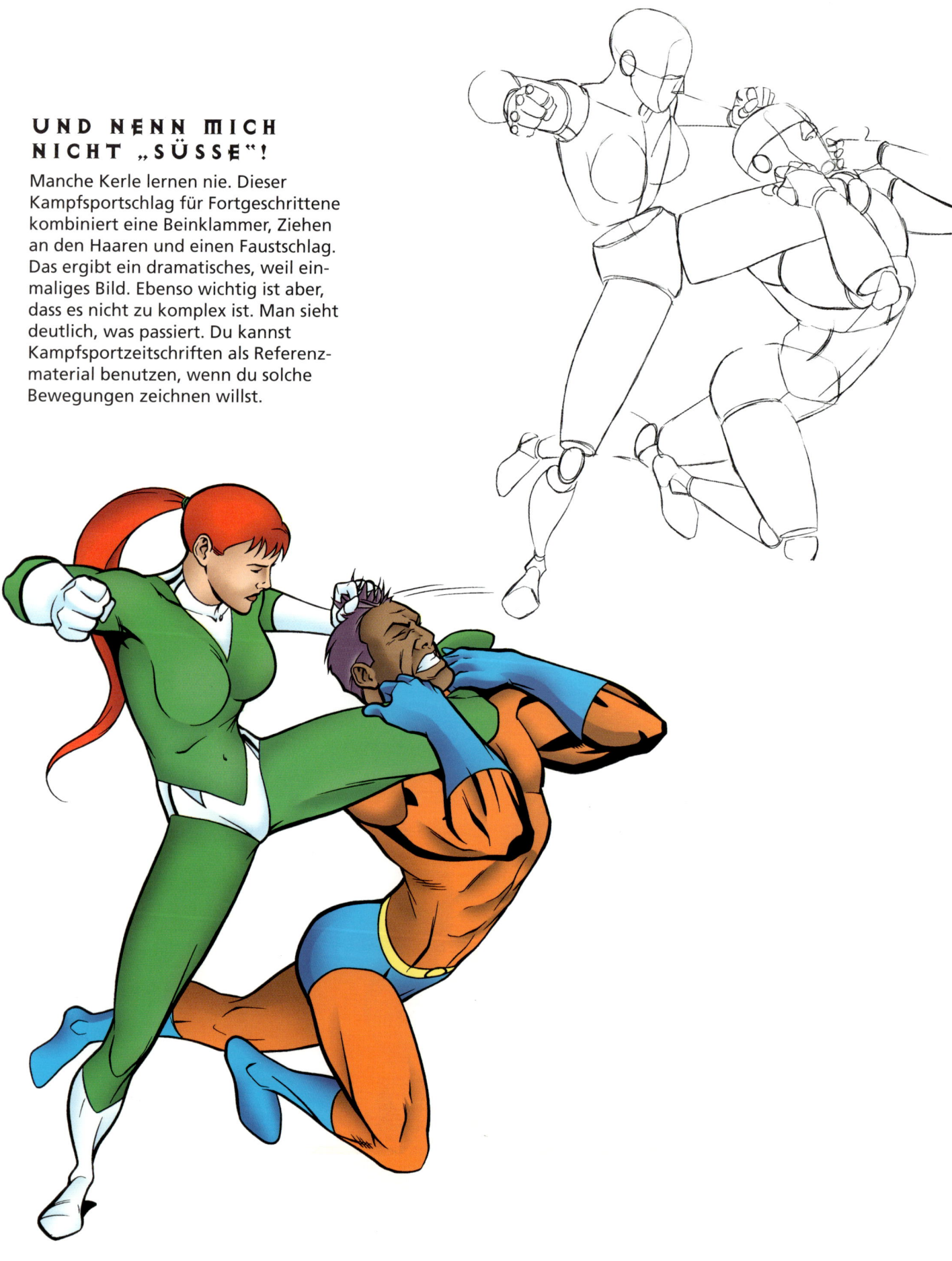

NIMM DAS!

Diese drei Kampftechniken sollte jede Heldin in ihrem Repertoire haben. Sie werden meist eingesetzt, wenn mehrere Gegner gleichzeitig angreifen. Die Schläge und Würfe müssen schnell gehen, damit anschließend sofort mit dem nächsten Angreifer gekämpft werden kann.

ELLBOGENSCHLAG

KNIETRITT

JUDOWURF

WAFFEN

Waffen sollten ein hohes Schusspotenzial haben. Deine Heldin könnte eine Riesenwaffe haben oder einige kleine am Gürtel oder über der Schulter tragen. Der Spaß beim Zeichnen von Hightechwaffen ist, dass man sie ganz nach eigener Vorstellung gestalten kann. Die Frage ist weniger, ob so etwas funktioniert, sondern ob es *gut aussieht.* Die meisten Waffen sind hoch technisiert. Zielfernrohre, Reservemunition, ausklappbare Flügel oder ähnliche Spielereien sind gut. Aber mach die Waffe nicht zu kompliziert. Denk daran, dass sie immer entfernt an eine Pistole erinnern sollte.

Wenn die Heldin eine Waffe trägt, hat sie oft auch einen Schutzanzug. Das unterstreicht ihr kämpferisches Aussehen. Normalerweise gehören dazu eine Art Kopfbedeckung oder eine Visierbrille, vielleicht auch Knieschützer, Armbänder und Stiefel.

ÜBERGROSSE WAFFEN

Außer in Geister- oder Westerngeschichten sollten Waffen immer einen Hang zum Überdimensinalen haben. (Beachte das ebenso große Holster.) Der Grund dafür ist einfach: Wenn man eine kleine Waffe hat, kämpft man gegen einen kleinen Schurken. Trägt man eine Monsterwaffe ... Alles klar, oder? Große Waffen schaffen große Augenblicke – und einen noch größeren Kampf ums Überleben. Deine Heldin kann nicht einfach die aus dem Sumpf aufsteigenden grauenhaften Geschöpfe verletzen und dann überleben wollen. Sie muss sie in tausend Stücke schießen!

Mancher Anfänger meint, seine Figur wirkt weniger dramatisch, wenn sie eine große Waffe hat, weil eine Figur mit einer solchen Waffe unbesiegbar scheint und das die Spannung über den Ausgang der Geschichte mindert. Aber das stimmt nicht. Unsere Heldin hier im Bild besitzt zwar eine riesige Waffe, aber ihre Chancen stehen dennoch allenfalls fünfzig zu fünfzig.

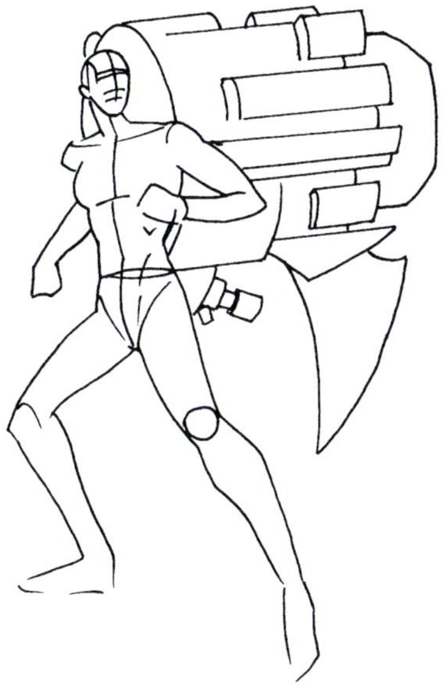

RAKETENRUCKSÄCKE

Ein Raketenrucksack ist ein cooles, fortschrittliches Fortbewegungsmittel. Natürlich wird beim Flug kein Kaffee serviert, aber man kann nicht alles haben. Ein Raketenrucksack lässt einen die Figur immer deutlich sehen, was einem Flug im Hubschrauber vorzuziehen ist, bei dem man sie gar nicht sieht.

FRAUEN UND SPORTAUTOS

Sexappeal wird immer eingesetzt, um Sportautos zu verkaufen. Das sollte auch dem Comiczeichner zu denken geben. Wenn ein Auto zu zeichnen ist, sollte man stets eines wählen, das an Jugend, Geschwindigkeit und PS denken lässt. Cabrios sind eine gute Wahl, weil sie einen Blick auf die Figuren im Inneren ermöglichen. Mit einer Limousine wäre dieses Bild ohne Wirkung.

DAS SPORTAUTO IN EINZELSCHRITTEN

Deute zu Beginn der Arbeit immer die Figuren im Auto an. Machst du das nicht, könntest du ein Auto mit Personen entwerfen und plötzlich merken, dass zwar das Gefährt gut aussieht, die Personen darin aber nicht wirkungsvoll in Szene gesetzt sind. Die ersten Skizzen kannst du leicht wegwerfen und neu beginnen. Wenn du *zuerst* das Auto und dann seine Insassen zeichnest, verschwendest du möglicherweise viel Zeit, bevor du merkst, dass der Blickwinkel ungünstig ist. Und dann könntest du versucht sein, ein weniger aussagekräftiges Bild fertig zu stellen, um die darin bereits eingebrachte Arbeitszeit nicht zu vergeuden.

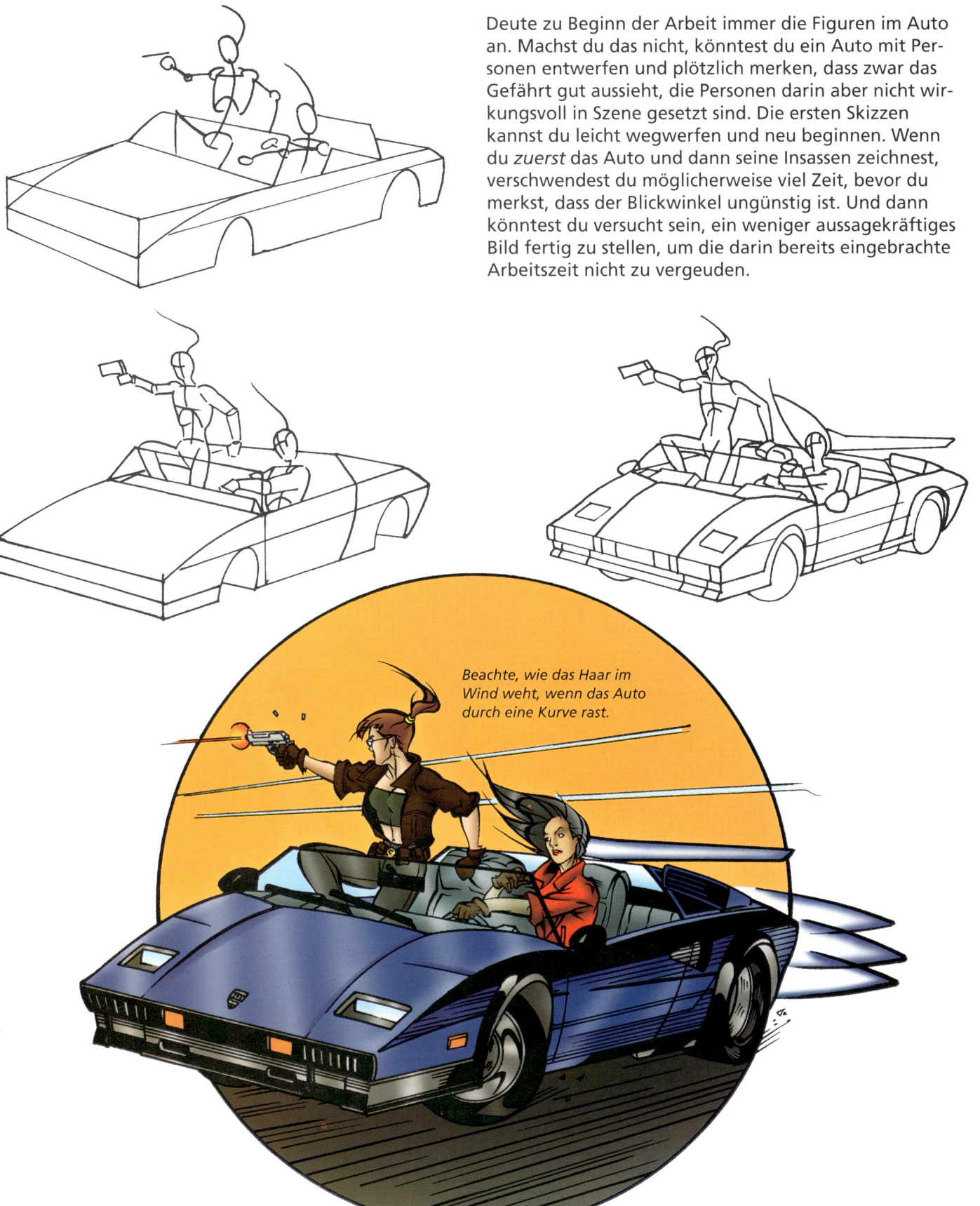

Beachte, wie das Haar im Wind weht, wenn das Auto durch eine Kurve rast.

TOLLE KOSTÜME

Kleider machen Leute. Die Mode ist eine der mächtigsten Waffen im Arsenal des Comiczeichners. Ein „böser" Gesichtsausdruck bedeutet nicht unbedingt, dass die Dame böse ist; sie könnte auch nur einen schlechten Tag haben. Aber ein „Böses-Mädchen"-*Kostüm* bei einer Frau mit mieser Laune bedeutet nur eines: Ärger! Das Kostüm definiert den Charakter, stellt die Rolle klar und hebt die – üppigen – Körperformen hervor. Wie du hier siehst, ist Mode ein so machtvolles Werkzeug, dass ein Kostümwechsel den Charakter verändern kann.

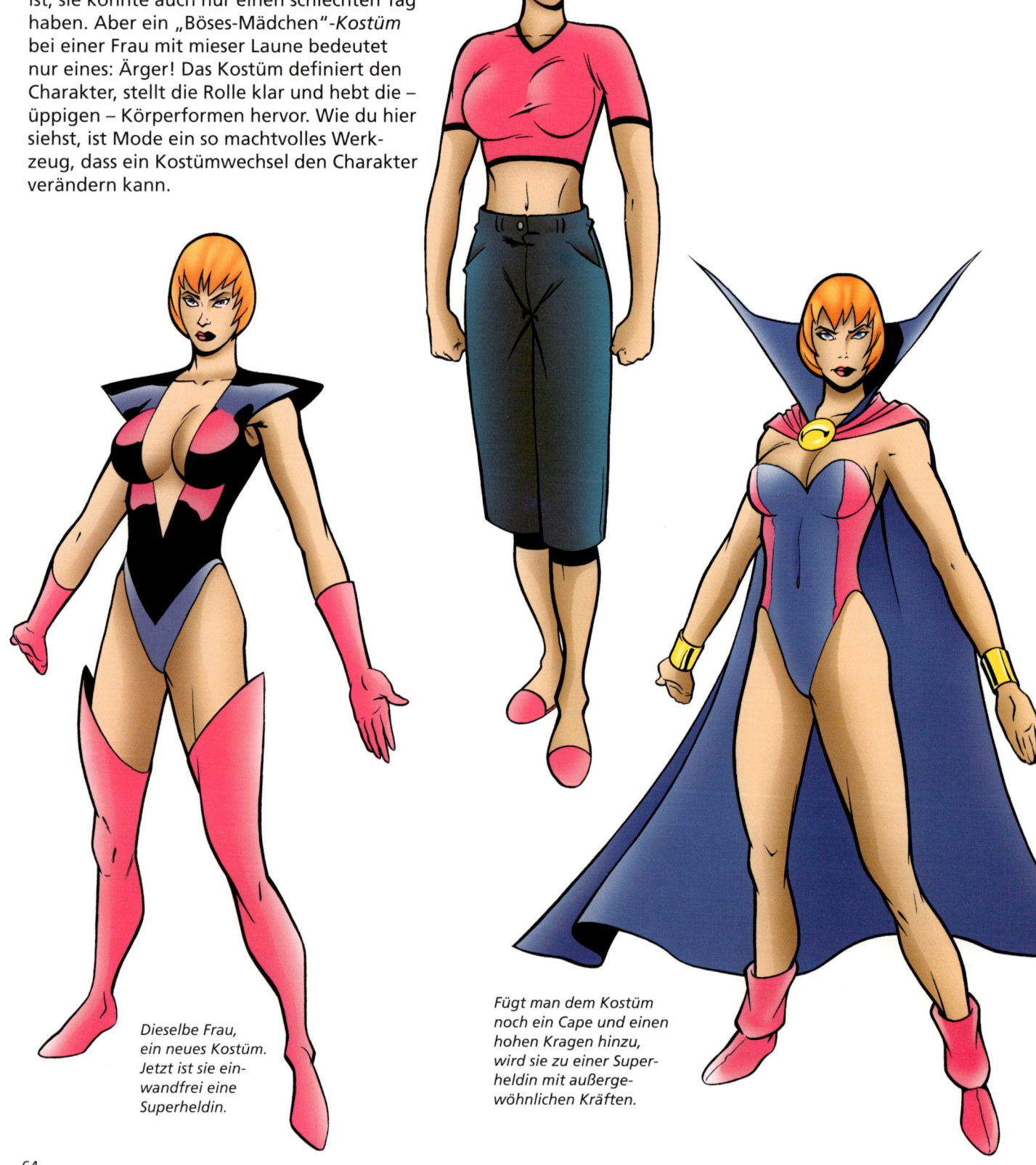

Die sensationell gebaute Durchschnittsfrau.

Dieselbe Frau, ein neues Kostüm. Jetzt ist sie einwandfrei eine Superheldin.

Fügt man dem Kostüm noch ein Cape und einen hohen Kragen hinzu, wird sie zu einer Superheldin mit außergewöhnlichen Kräften.

64

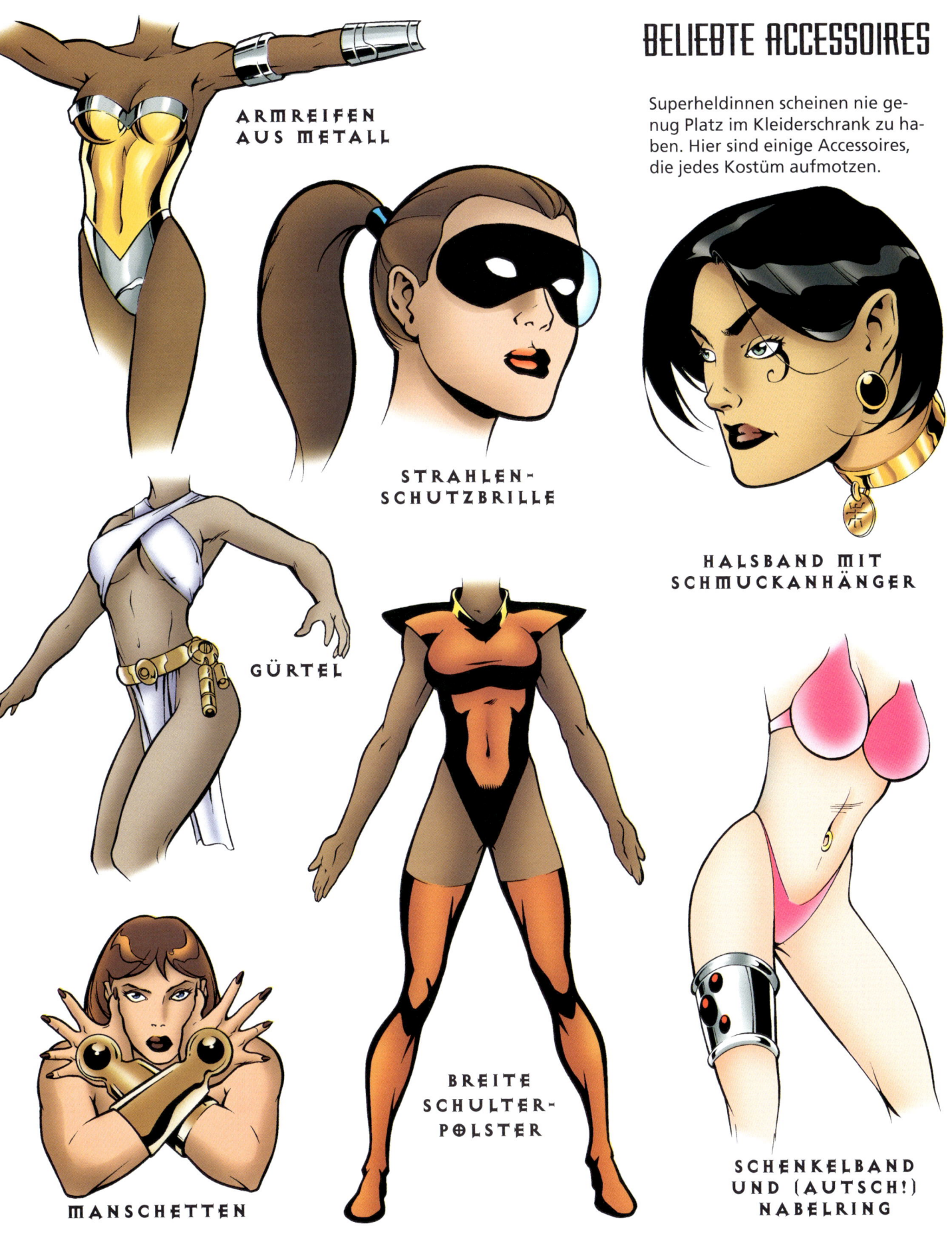

BELIEBTE ACCESSOIRES

Superheldinnen scheinen nie genug Platz im Kleiderschrank zu haben. Hier sind einige Accessoires, die jedes Kostüm aufmotzen.

ARMREIFEN
AUS METALL

STRAHLEN-
SCHUTZBRILLE

HALSBAND MIT
SCHMUCKANHÄNGER

GÜRTEL

MANSCHETTEN

BREITE
SCHULTER-
POLSTER

SCHENKELBAND
UND (AUTSCH!)
NABELRING

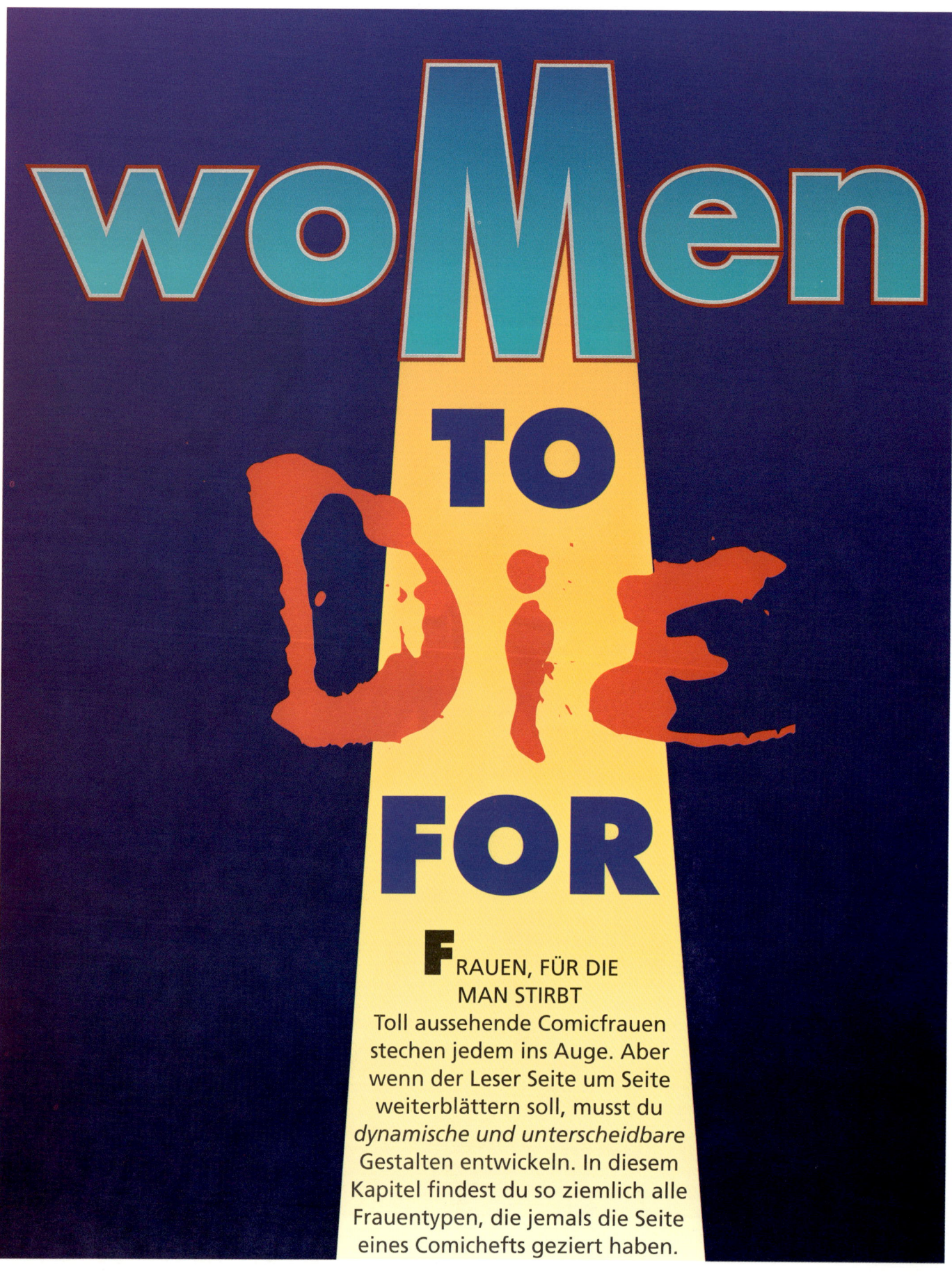

woMen TO DIE FOR

FRAUEN, FÜR DIE
MAN STIRBT
Toll aussehende Comicfrauen
stechen jedem ins Auge. Aber
wenn der Leser Seite um Seite
weiterblättern soll, musst du
dynamische und unterscheidbare
Gestalten entwickeln. In diesem
Kapitel findest du so ziemlich alle
Frauentypen, die jemals die Seite
eines Comichefts geziert haben.

DIE NAIVE BLONDINE

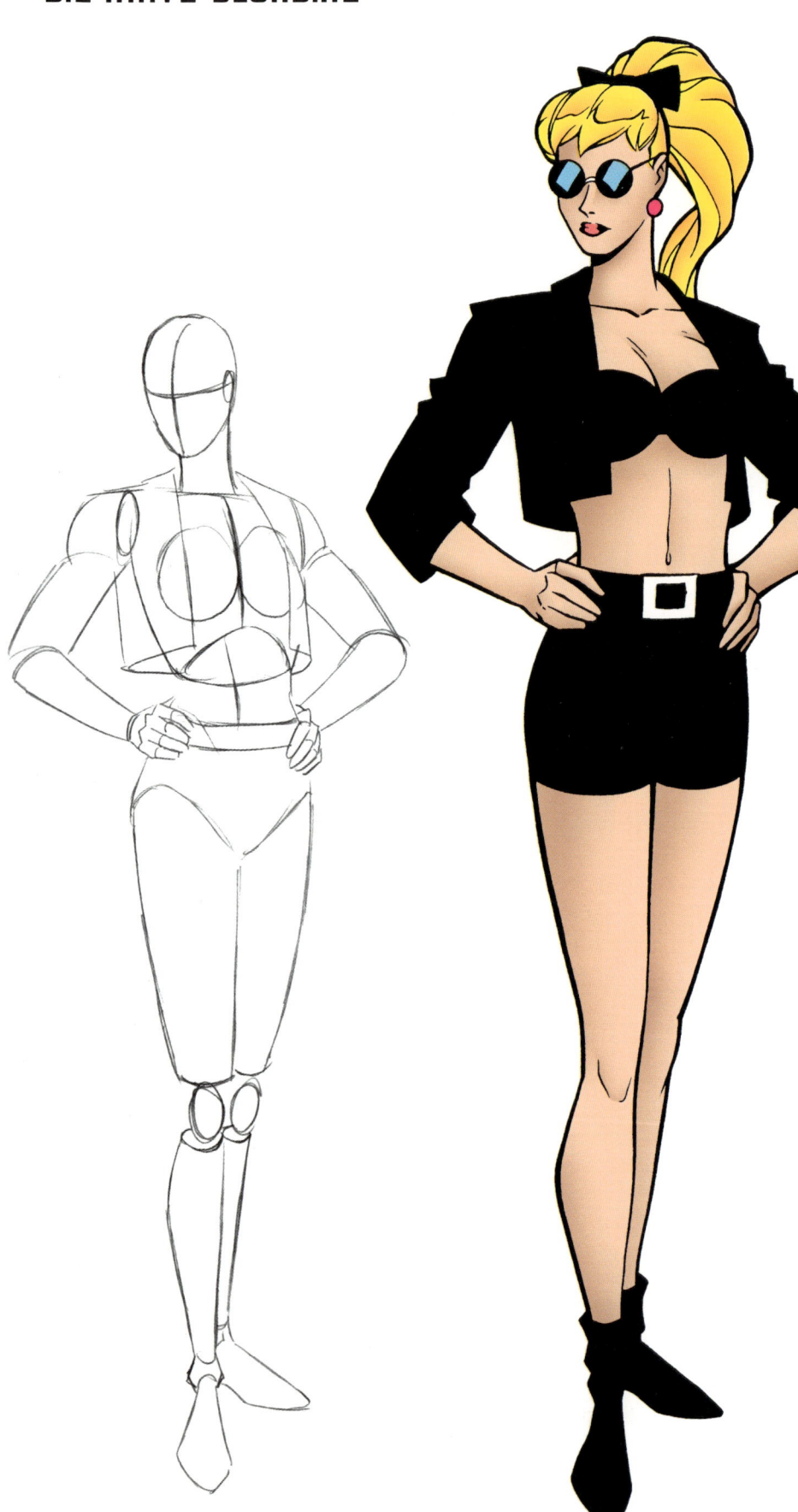

Das ist ein äußerst cooler Typ! Jeder Vorort braucht ein paar von diesen Schönheiten, die nie die Sonnenbrille abnehmen. Sie gehen am Samstag auf Männerfang im Einkaufscenter oder verabreden sich mit Roadies bei einem Rockkonzert. Naive Blondinen flirten gern, also sollten sie entsprechend gekleidet sein. Dazu gehören jugendliche Details, etwa Schleifchen im Haar, breite Gürtel, trendige Stiefel oder flotte Frisuren.

Manchmal treten naive Blondinen grüppchenweise in Comics auf, ähnlich wie in Horrorfilmen, in denen eine Gruppe von Mädchen manchmal zum Zelten fährt, wobei „etwas Grauenhaftes" passiert. Eine solche Gruppe hilft jeder Geschichte, weil mehrere Mädchen lauter kreischen können als ein einzelnes. Zudem steigt die Spannung, wenn die Mädchen der Gruppe nach und nach gemeuchelt werden.

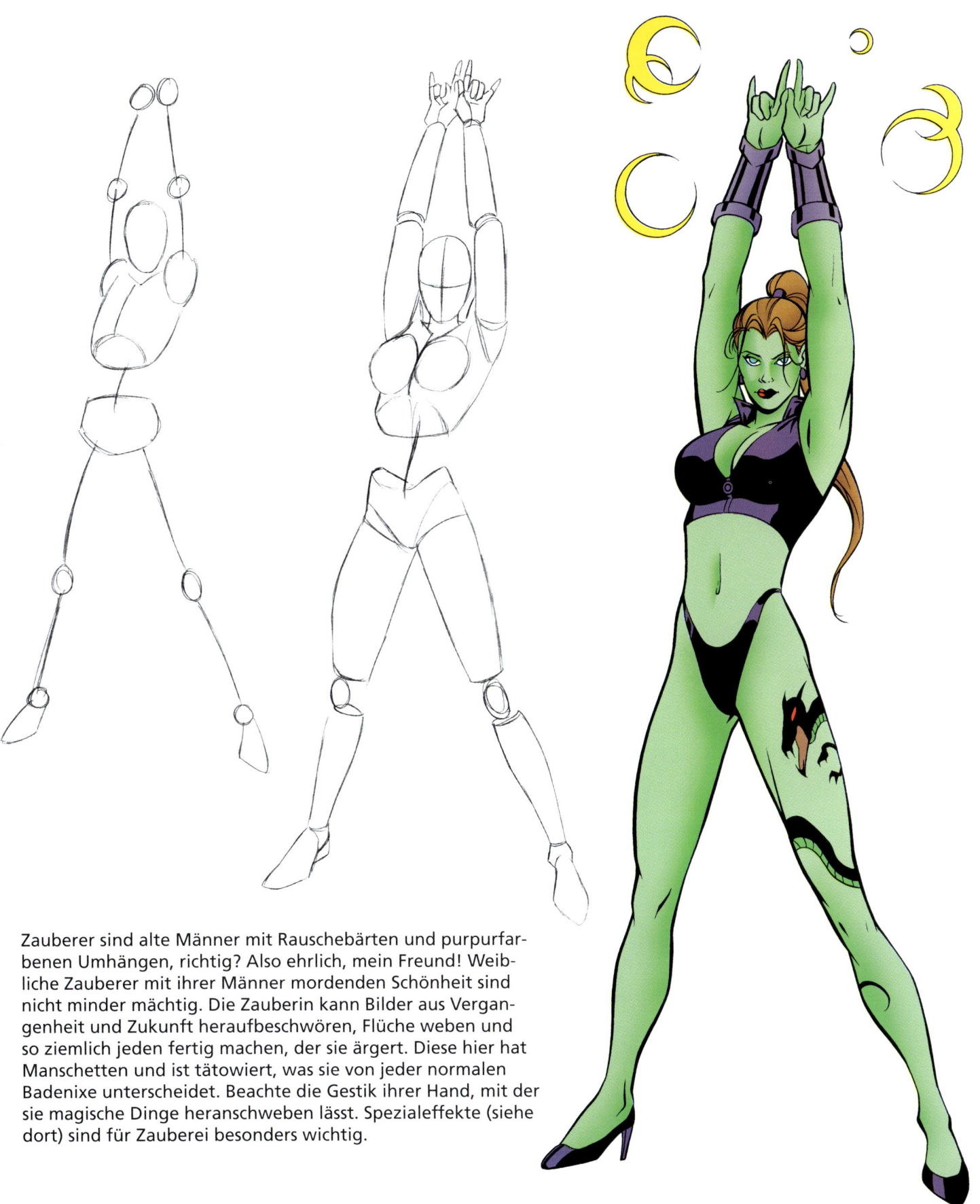

Zauberer sind alte Männer mit Rauschebärten und purpurfarbenen Umhängen, richtig? Also ehrlich, mein Freund! Weibliche Zauberer mit ihrer Männer mordenden Schönheit sind nicht minder mächtig. Die Zauberin kann Bilder aus Vergangenheit und Zukunft heraufbeschwören, Flüche weben und so ziemlich jeden fertig machen, der sie ärgert. Diese hier hat Manschetten und ist tätowiert, was sie von jeder normalen Badenixe unterscheidet. Beachte die Gestik ihrer Hand, mit der sie magische Dinge heranschweben lässt. Spezialeffekte (siehe dort) sind für Zauberei besonders wichtig.

DAS BANDENMITGLIED

Wir wissen doch alle, dass Mädchen braver sind als Jungs, oder? Nun ja, nicht jedes Mädchen; viele von ihnen werden auch böse gemacht. Die hübschen Frauen in Comic-Straßengangs würden dich lieber berauben, anstatt mit dir auszugehen. Verglichen mit so manchem Rendezvous, das ich hatte, käme das letzten Endes wahrscheinlich billiger. Aber ich schweife ab. Zerrissene Jeans und abgetragene Kleidung charakterisieren diesen Typus, der auch gerne Schlagwaffen trägt. Eine sorglose oder abweisende Haltung gehört ebenfalls zu diesem Frauentyp.

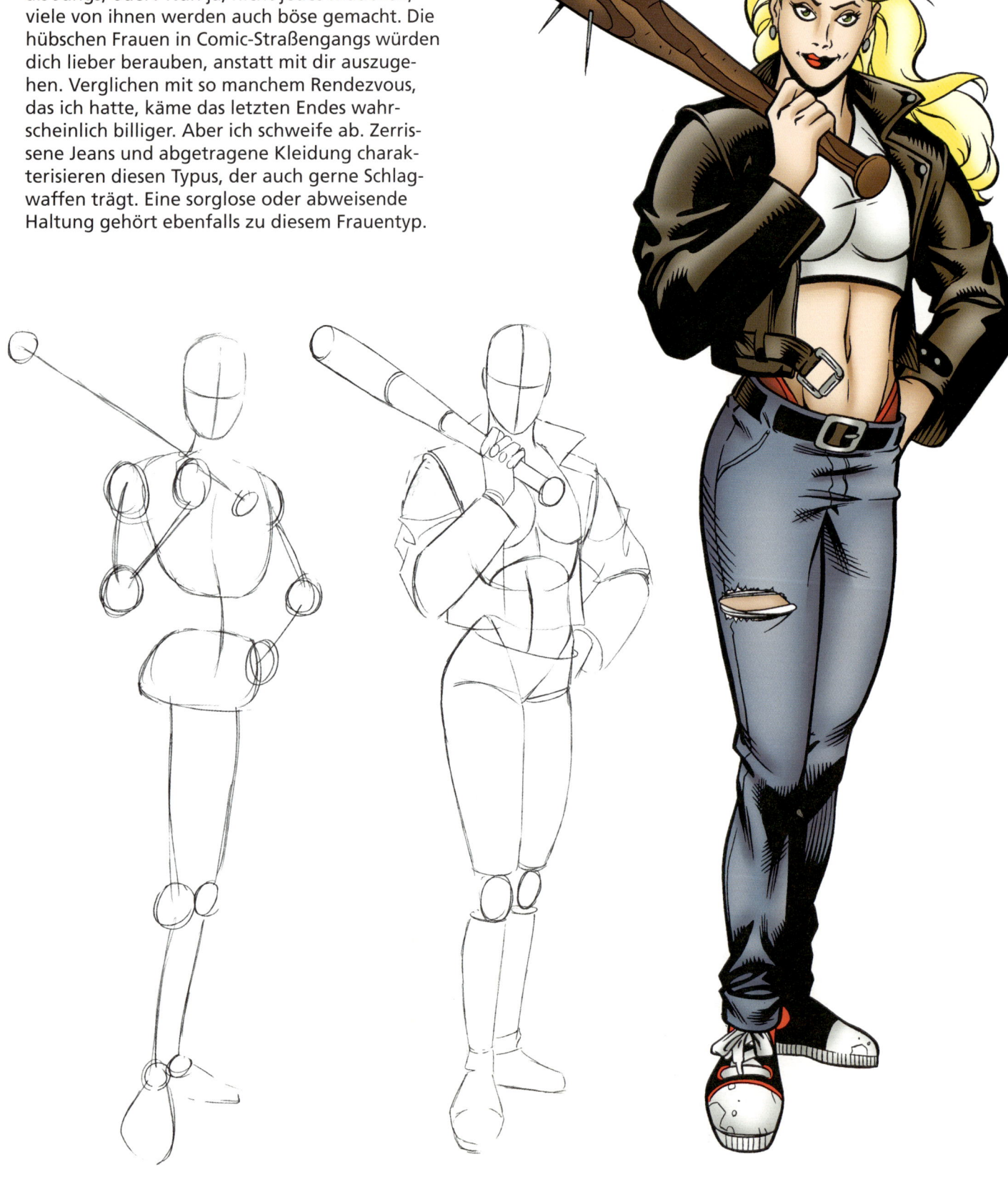

ALTERNATIVMÖGLICHKEIT

Das ist eine andere Art von Bandenmitglied, angefertigt von einem anderen Zeichner. Keine zwei Zeichner pflegen genau den gleichen Zeichenstil und das sollten sie auch nicht. Comicredakteure verlangen häufig, dass man eine eingeführte Figur genauso zeichnet wie der vorherige Zeichner. Aber wenn eine neue Figur ins Spiel kommt oder das Konzept eines Hefts geändert wird, solltest du die Gelegenheit nutzen, den Zeichenstil aufzupeppen, eingefahrene Gleise zu verlassen und etwas Neues zu schaffen – etwas in *deinem* Stil.

DIE VAMPIRLADY

Weibliche Vampire werden immer in unheimlichen Kostümen dargestellt, meistens mit Capes oder ausgefransten Kleidern. Ihre Zähne sind lang und spitz, und auch ihre Fingernägel sind es. Ihre Wimpern sollten tiefschwarz und länglich sein. Tierliebhaber halten meist einen Hund oder eine Katze, Vampirladys lieben Fledermäuse. Nichts gegen Fledermäuse als Haustiere, aber ich fände es ermüdend, alle paar Tage wegen ihres Futters zur Blutbank gehen zu müssen.

DIE STEINZEITFRAU

Steinzeitliche Kleidung wirkt stets provokant,
ohne modisch zu sein. Die Steinzeitfrau trägt
knappe Lederkleidung, die von Lederbändern
zusammengehalten wird. Sie sollte immer langes, fließendes Haar haben, weil es damals
keine Frisiersalons gab. Lass dich nicht reizen,
Steinzeitfrauen zu animalisch und muskulös
zu zeichnen. Mach sie schön und ruhig, als
lebten sie in einem Dorf am Wasserfall. Denk
dabei an paradiesische Zustände.

DIE GÖTTIN

Über den Wolken wohnt diese schöne Göttin in himmlischen Gefilden. Natürlich muss sie jeder gewöhnliche Sterbliche, der sich hierher verirrt (etwa wenn er mit dem Fallschirm aus einem brennenden Flugzeug springt), unwiderstehlich finden. Und er wäre für sie aufgrund seiner irdischen Leidenschaften, die den Göttern anscheinend fehlt, faszinierend. Ihr Vater, der Obergott, würde ihm sagen, dass er nicht gut genug für sie ist. Wenn der Sterbliche nicht auf ihn hört, wird Big Daddy böse und sucht Rache. Die Verfolgung beginnt.

Orientiere dich bei Kostüm und Schmuck an der Gotik: lange Kleider, juwelenbesetzte Gürtel, Halsketten und Kopfschmuck. Lass Schultern und Schenkel immer unbedeckt.

DIE ÄGYPTISCHE KÖNIGIN

Ähnlich wie die Göttin hat auch die ägyptische Königin eine besondere Aura. Sie besitzt mandelförmige Augen und trägt große Ohrringe. Ihr Schmuck ist ägyptisch und beruht auf Schlangenformen. Ihre Kopfbedeckung reicht bis auf den Rücken – was auch für Männer gilt.

Die ägyptische Königin hat eine attraktive Figur mit üppigen Rundungen, die an orientalische Bauchtänzerinnen erinnern. Das durchsichtige Kleid verleiht ihr einen provokanten Reiz.

DIE KRIEGERIN

„Schwert und Zauberei", ein klassisches Comicthema, spielt in einer sagenhaften vergangenen Zeit. Es bietet Elemente des Rittertums und der Zauberei in einer als brutal geschilderten Epoche voller Schlachten, Helden, Schurken und Legenden. Du musst deine Fantasie spielen lassen, um eine Rüstung für Frauen zu entwerfen, denn da immer nur Männer kämpften, gab es keine Rüstungen für Frauen. Aber zwänge deine Figur nicht von Kopf bis Fuß in eine Eisenrüstung: Eine Frau ist kein Ritter, und es soll noch etwas von ihrer Figur zu sehen sein! Besonders geeignet erscheint eine Rüstung, die den Oberkörper figurbetont bedeckt, Arme und Beine aber frei lässt. Du kannst bei Details der Rüstung deine Fantasie spielen lassen, etwa mit Flügeln am Helm oder mit verschnörkelten Mustern auf den Schienbeinschützern.

PRINZESSIN EINER FERNEN WELT

Was für eine Prinzessin! Mit 16 bekam sie von ihrem Vater einen Raumkreuzer, ihre Kameradinnen mussten sich mit Raumfähren begnügen.

DIE TAUCHERIN

Ach, du hast eine Stadt im Meer entdeckt? Und ich habe einen so großen Hecht gefangen. Manche Sachen hängt man einfach nicht an die große Glocke. Wie auch immer, Taucheranzüge wirken im Wasser und an Land sexy. Sie sind praktisch auf den Körper aufgemalt und zeigen viel Bein.

AQUAGIRL

Ein im Meer lebendes Wesen muss sich von gewöhnlichen Menschen unterscheiden. Schuppen, Flossen, Ohren und Augen zeigen überdeutlich, dass es ein *seltsames,* nicht aber ein *menschliches* Wesen ist. Schau dir genau an, wie sich das Haar über dem Gesicht sanft fließend nach oben verteilt, damit die Szene auf Anhieb als Unterwasserwelt interpretiert wird.

DIE KAMPFPILOTIN

Echte Uniformen sehen an Frauen eher trostlos aus. Oder hast du je eine Postbotin sexy gefunden? Du musst also attraktive Uniformen erfinden, die zur Figur passen. Diese Pilotin hat die Flugtasche in einer Hand und trägt eine spartanische, aber modische, körperbetonende Uniform. Das Rangschild auf der Brust, die Schiffchenmütze und der Flugplatz im Hintergrund weisen darauf hin, dass sie bei der Air Force arbeitet.

RAUMFAHRERINNEN

Comics spielen nicht nur auf der Erde. Die Erde ist nur ein umweltverschmutzter Dreckball in einer von feindlichen Aliens bewohnten Galaxis. Das Spiel heißt Erde gegen „die Bösen". (Du kannst dir sicher denken, dass die Menschen „die Guten" sind.) Sieh dir in Ruhe die haiähnlichen gegnerischen Raumschiffe an – die Raubtiere des Himmels.

DIE RAUMSCHIFFKOMMANDANTIN

Umsichtig, unnachgiebig und mutig, das sind die Eigenschaften einer guten Raumschiffkommandantin. Raumanzüge schmeicheln immer der Figur und sind im Design sehr schlicht. Aus unerfindlichen Gründen tragen Raumschiffkommandantinnen meistens coole Stiefel. Wahrscheinlich gibt es die als Sonderzulage.

ANDERE RAUMFAHRERINNEN

Kommst du oft hier vorbei? Erstaunlich, was man alles auf einem
x-beliebigen, von Methan umhüll-
ten Asteroiden findet. Sieht ganz
so aus, als hätte dieser Alien nie-
manden zum Essen erwartet – oder
vielleicht doch?

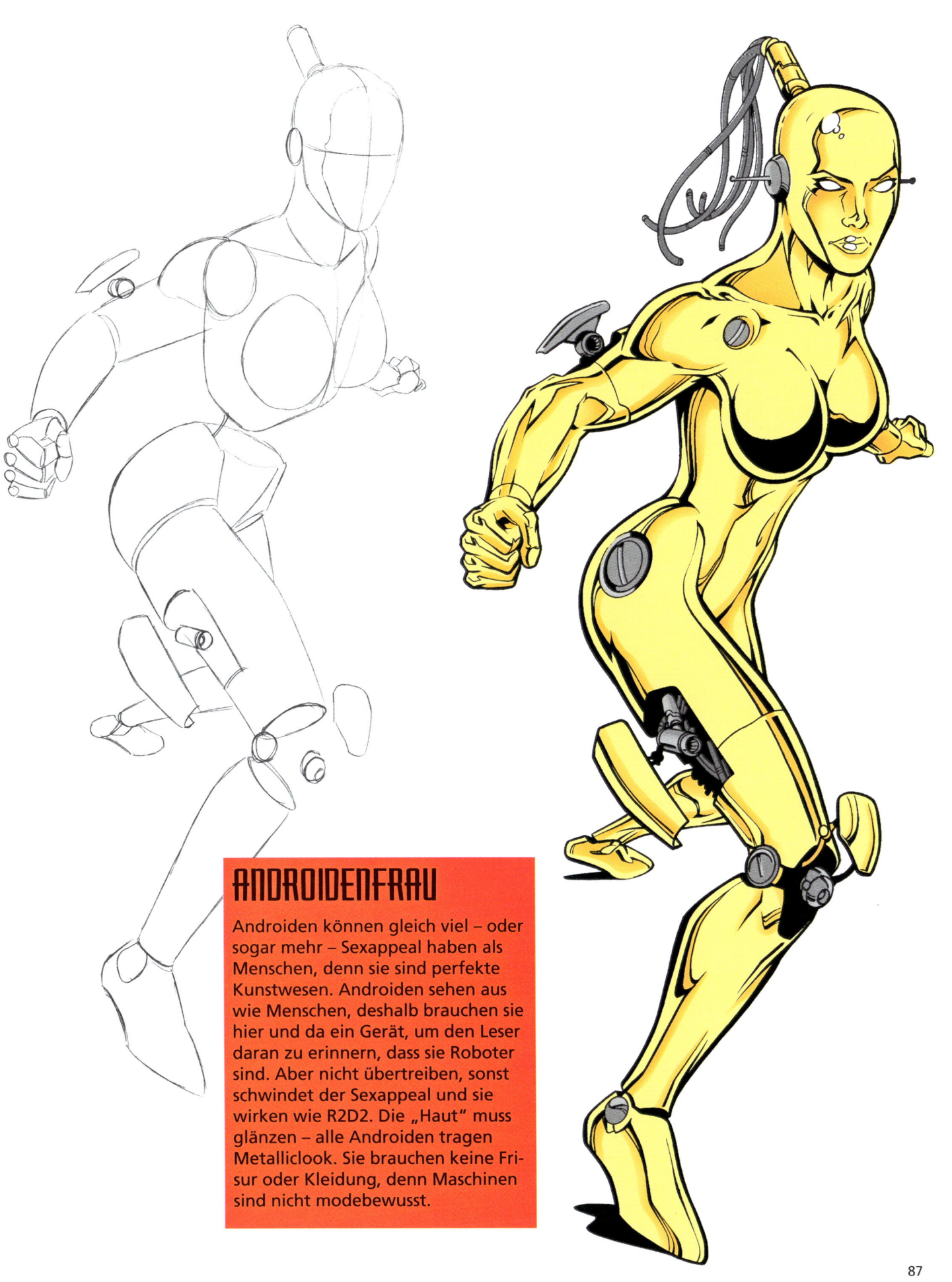

ANDROIDENFRAU

Androiden können gleich viel – oder sogar mehr – Sexappeal haben als Menschen, denn sie sind perfekte Kunstwesen. Androiden sehen aus wie Menschen, deshalb brauchen sie hier und da ein Gerät, um den Leser daran zu erinnern, dass sie Roboter sind. Aber nicht übertreiben, sonst schwindet der Sexappeal und sie wirken wie R2D2. Die „Haut" muss glänzen – alle Androiden tragen Metalliclook. Sie brauchen keine Frisur oder Kleidung, denn Maschinen sind nicht modebewusst.

DIE AUSSERIRDISCHE

Die Verschmelzung menschlicher und tierischer Formen
wird seit Tausenden von Jahren von Künstlern vorge-
nommen. Heutzutage gehen die Künstler noch weiter,
indem sie menschliche und außerirdische Wesensmerk-
male mischen. In meinem Labor in der Garage mache
ich das auch, aber das steht auf einem anderen Blatt.
Wenn man sich Reptilien genauer ansieht, fallen einem
unzählige außerirdische Gestalten mit Sexappeal ein.

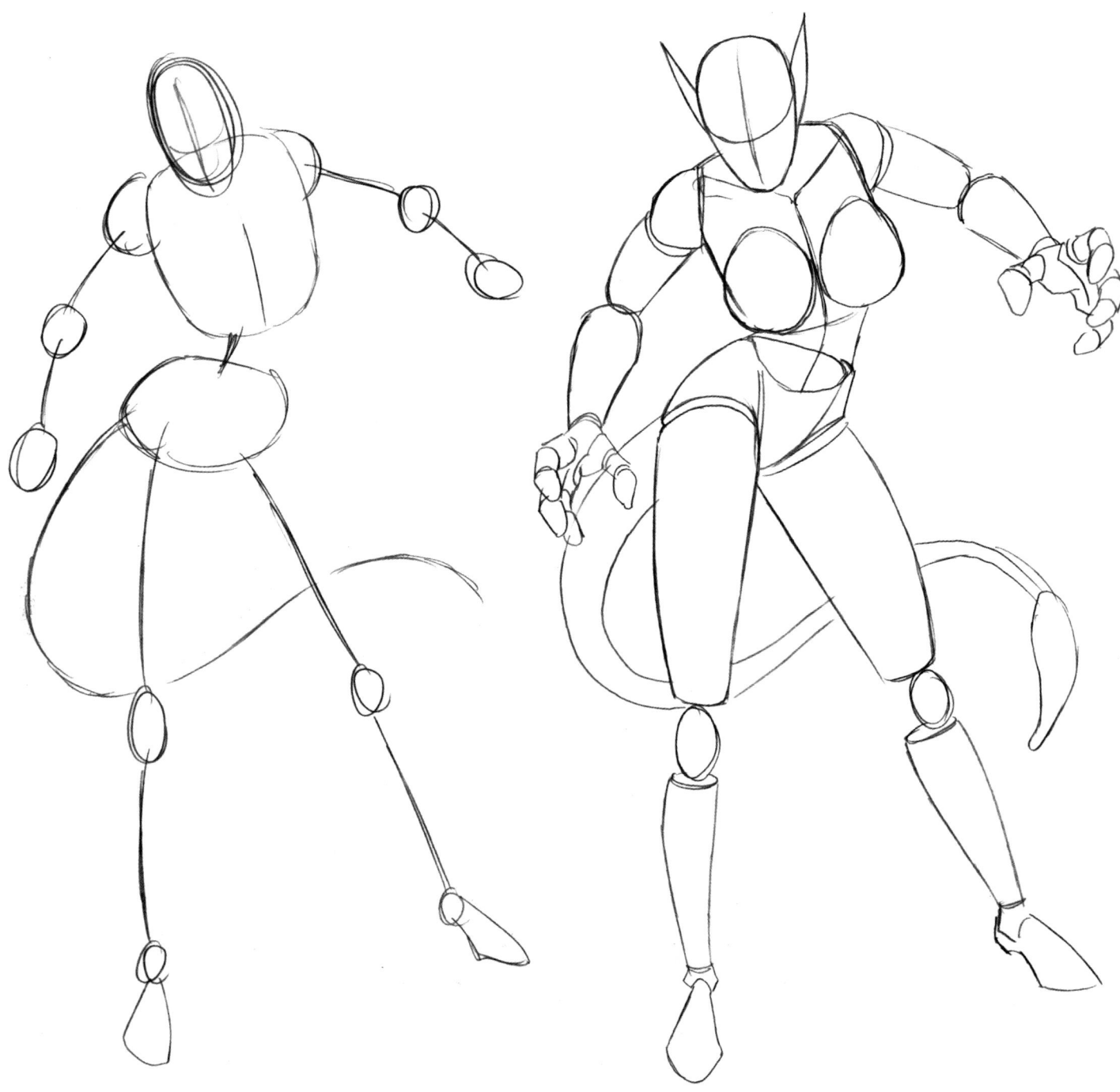

DIE NINJAKÄMPFERIN

Diese Lady trägt bei ihrem Geheimauftrag ein Ninjakostüm – Karatekleidung, Haube und Gesichtsmaske. Die Stiefel sind so gemacht, dass sie besonders festen Halt verleihen, mit Extraplatz für den großen Zeh. Das Haar muss geknotet oder zum Pferdeschwanz gebunden sein – es darf keinesfalls lose herumflattern, weil das von der schattenhaften Gestalt ablenken würde. Eine Ninja beherrscht den Kampf Frau gegen Frau (oder Mann) und braucht keine Uzi. Außerdem hat sie viele Waffen am Körper versteckt und deshalb immer einen Trumpf in der Hinterhand.

Sie kann Brot toasten, indem sie einfach *in dessen Nähe* steht! Sie schwebt wie ein Geist dank einer Macht, die jede Vorstellungskraft übersteigt. Aus ihren Fäusten sprüht Energie und zucken Lichtblitze. Sie wirken wie Scheinwerfer, die sie von beiden Seiten her beleuchten und Schatten auf den Mittelteil des Körpers werfen. Die Kombination Licht/Schatten/Licht gibt dem Ganzen ein höchst dramatisches Aussehen.

FANTASTIC SPECIAL EFFECTS

FANTASTISCHE SPEZIALEFFEKTE
Spezialeffekte ermöglichen es dem Comiczeichner, Atmosphäre zu schaffen. Sie sollen die Figuren wie lebendig von der Seite springen lassen. Spezialeffekte sind kein Zufall. Sie erfordern sorgfältige Planung, um größtmögliche Wirkung zu erzielen.

EXPLOSIONEN

Explosionen sind erderschütternd. Die vorangehende Seite zeigt einen der beliebtesten Momente – wenn es ordentlich kracht. Die Explosion drückt Wucht und Energie aus und ist nahe beim Leser sowie bei der Figur. Die Pose der Heldin besagt, dass sie schnell fliegt, um der Explosion zu entkommen! Die von den Bewegungslinien angedeutete Druckwelle könnte sie jeden Augenblick einholen. Sie greift über den Bildrand, um zu zeigen, dass sie in höchster Eile ist. (Beachte: die Rauchwolke ist eigentlich eine Rauch*spirale*.)

ATOMARES INFERNO

Auch das ist eine beliebte Explosionsform. Sie vernichtet viel Land, ist aber keine Schnell-weg-hier-Explosion, sondern die Bin-froh-das-überlebt-zu haben-Art. Aus der Ferne gesehen, wirft sie ihren Feuerschein auf die Heldin, die ihre Arbeit getan hat. Die Druckwelle lässt ihr Haar wehen. Beachte: Die Explosion beleuchtet die Figur von hinten, erhellt ihre Umrisse und lässt auf die Vorderseite des Körpers einen düsteren Schatten fallen.

RAUCH

Rauch in Comics bedeutet nicht nur Feuer, sondern auch Spannung. Hier sind einige beliebte Raucharten.

HINTERGRUND

Mit einer Rauchfahne im Hintergrund kann man eine anschleichende Heldin gut von einem sternenübersäten Himmel abheben.

VORDERGRUND

Rauch im Vordergrund kann die wichtigsten Gesichtszüge der Figur betonen. Hier bildet er einen Rahmen um die Augen und deutet Misstrauen und Wachsamkeit an.

ALS REQUISITE

Rauch (oder Nebel) kann auch Requisite oder Hilfsmittel sein. Diese Frau ist eine Zauberin, die von Rauchschwaden umschmeichelt wird. Form und Platzierung des Rauchs signalisieren dem Leser, dass sie ihn kontrolliert. Sie wirkt sehr mächtig und kann die Kräfte der Natur manipulieren, um sie für ihre bösen Absichten einzusetzen.

REGEN

Glatte, nasse Straßen. Sturmgepeitschte Regenschauer. Bedeckter Himmel. – Perfektes Wetter im Comicland. Regen kann, wie diese Bilder zeigen, Stimmungen und Gefühle vermitteln. Er ist ein wichtiges, gefühlsbetonendes Requisit und darf in deinem Repertoire nicht fehlen.

BEDROHLICHE FINSTERNIS

Diese Szene weckt eine starke Stimmung durch finstere Wolken und die vom Regen gepeitschte Heldin, die darauf wartet, dass der Feind zuschlägt ... irgendwo da draußen im Regen.

PATHOS

Du weißt einfach, dass etwas Schlimmes passieren wird, und der Regen ist eine eindrucksvolle Metapher für Kummer und Tränen. Er unterstreicht die Gemütslage, in der sich die dargestellte Figur befindet.

BEDRÄNGUNG

Bei diesem Bild kann man ahnen, dass es gleich losfetzt. Der Regen lässt die Umgebung noch deprimierender wirken. Da außerdem die Regentropfen direkt vor die Füße der Heldin zu fallen scheinen, wird der Blick des Lesers auf die Figur gelenkt, als sähe er sie mit den Augen ihres Gegners. Ihre Körperhaltung zeigt, dass sie angespannt ist und weiß, dass ein schwerer Kampf bevorsteht.

BLITZE

Blitze unterstreichen wichtige Stellen der Handlung. Sie können ein Omen sein oder den Höhepunkt einer Szene betonen. Hier einige Beispiele.

TRIUMPHAL

Dieses Bild erzählt vom Triumph einer Heldin. Der Blitz erhellt den nächtlichen Himmel und beleuchtet die himmelwärts fliegende Gestalt. Er rahmt zudem ihren Körper ein und unterteilt das Bild in interessante Formen.

BEDROHLICH

Das ist die Kehrseite der Medaille: Die Heldin naht auf leisen Sohlen. Hier geht es nicht um Ruhm, sondern um einen wichtigen Moment der Erzählung. Vielleicht hat sie gerade entdeckt, dass das Monster, das ihrer Stadt und ihr selbst mit Vernichtung droht, nur von ihr allein bekämpft werden kann. Der Blitz lenkt nicht nur das Auge des Lesers auf sie, sondern erhöht auch die Spannung des Augenblicks. Außerdem sorgt er auf einem ansonsten finsteren Hausdach für eine Lichtquelle.

VOLLMOND

Jeder *weiß*, dass bei Vollmond seltsame Dinge geschehen. Vor allem ein Comiczeichner muss wissen, wie er sich diesen Aberglauben zu Nutze macht.

RAHMEN FÜR DAS GESICHT

Du kannst den Mond auch einsetzen, um das Gesicht der Heldin einzurahmen und ultradramatisch ins Licht zu setzen. Ein paar angedeutete Krater auf der Mondoberfläche – und schon strahlt er groß und hell vom Himmel. Zur Belebung des Bildes kannst du noch eine Rauchfahne einfügen.

ALS LICHTQUELLE

Als visueller Effekt ist der Mond cool, da man Größe, Form, Textur und Farbe verändern kann. Hier ist er eine starke Lichtquelle, die Spannung und unheimliche Stimmung erzeugt.

ALS SPOT-LIGHT

Der Mond gibt einen starken Scheinwerfer ab. Hier betont er die Figur und erzeugt einen Hauch von Gefahr und Vorahnung, während die Heldin aus dem Bild springt.

WASSER

Wasserfontänen, aufsteigende sowie fallende Wasserstrahlen und Kaskaden ergeben ein fantastisches, mythisches Comicumfeld. Spezialeffekte mit Wasser sollten so großartig und gewaltig sein wie der Ozean selbst.

BRANDENDE WELLEN

Um was geht es bei Wasser? Um Bewegung. Das Bild links bietet ein eindrucksvolles – und doch stilles – Bild unserer Technonixe. Aber die ringsum brandenden Wellen verleihen dem Bild Bewegung und Lebendigkeit.

FONTÄNEN

Darüber hinaus kann man mit Wasser einen Eindruck des Fließens erzeugen. Hier ergeben das aufspritzende Wasser und die Pose der Figur einen fast rhythmischen, flüssigen Bewegungsablauf. Der Körper ist ganz von Wasser umgeben und scheint in einer Fontäne auf den Betrachter zuzuströmen.

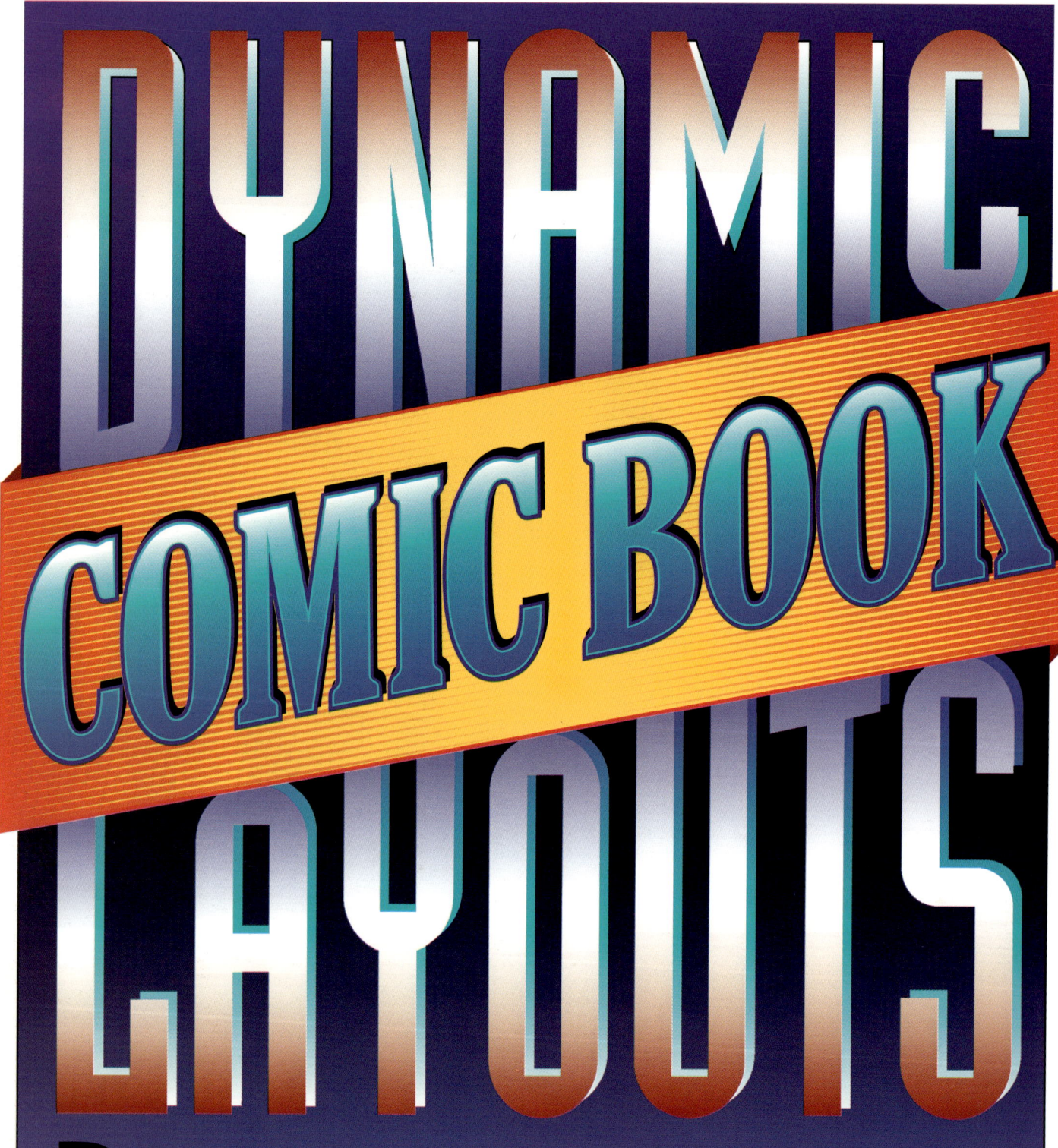

DYNAMIC COMIC BOOK LAYOUTS

DYNAMISCHE COMICLAYOUTS

Man kann es Inszenierung oder Layout nennen – das Resultat ist dasselbe. Wenn man eine Szene zeichnet, muss sie auf maximale Wirkung hin arrangiert werden. Die gruseligste Schurkin sieht nicht bedrohlich aus, wenn sie an der Straßenecke steht. Kommt sie aber auf einen zu, sieht die Sache anders aus. Hier verraten Comicprofis einige Geheimnisse für dynamische Comiclayouts.

FLUCHTLINIEN

Fluchtlinien (wie hier und auf Seite 107) sind unsichtbare Hilfslinien, die der Zeichner skizziert, um Richtung, Perspektive sowie die Platzierung aller Elemente im Bild festzulegen. Diese Linien laufen nach hinten im *Fluchtpunkt* zusammen. Anhand der Fluchtlinien kann man Figuren, Requisiten und Hintergründe korrekt im Bild anordnen.

Noch etwas anderes gilt es zu beachten: Je weiter entfernt etwas ist, desto kleiner ist es; je näher es kommt, desto größer muss es sein. Das kann einen direkten Einfluss auf den Leser haben. Wenn du alles, was im Vordergrund ist, stark übertreibst, kannst du den Betrachter mit den fertigen Bildern von den Socken hauen.

DIAGONALEN, DIE FÜR SPANNUNG SORGEN

Horizontale Linien können ein Gefühl von Stabilität und Ruhe vermitteln. Das ist toll, wenn man meditieren und Vollkornkekse essen will. Aber für Comicfans ist das langweilig. Sie wollen Action, Gewalt, Chaos! Inszeniere ein Bild entlang *diagonaler* statt horizontaler Linien, und schon sieht alles viel angespannter, aufregender und dramatischer aus. Wie du sehen kannst, verlaufen in diesem Bild alle Fluchtlinien des Gebäudes diagonal. Sie schneiden sich irgendwo rechts unten außerhalb des Bildes.

HORIZONT

DER FLUCHTPUNKT

Man kann den Fluchtpunkt – den Ort, an dem sich alle Fluchtlinien schneiden – einsetzen, um die Blickrichtung des Be-
trachters zu steuern. Man bestimmt den Fluchtpunkt und legt
damit die Ausrichtung der Szene und die Platzierung der
Fluchtlinien fest. Bei der Festlegung des Fluchtpunktes sollte
man sich über den Zweck der Szene im Klaren sein. Im hier
gezeigten Fall wurden zwei Personen gefangen genommen und von einem wütenden Mob umstellt. Du
möchtest nun zeigen, dass die Menge den beiden
Opfern ans Leder will. Legst du den Fluchtpunkt
über die Köpfe der Opfer, scheint die Menge
sie automatisch zu bedrängen. Die Opfer
werden zum Blickfang für das Interesse
der Menge. Das erhöht den Druck
und lässt die Bedrohung durch
die Menge echter und gefährlicher erscheinen.

*Bei diesem Bild liegt der
Fluchtpunkt außerhalb
der Seite.*

FLUCHTLINIEN UND SPEZIALEFFEKTE

Explosionen werden eindrucksvoller, wenn Fluchtlinien auf sie hinweisen. Der Fluchtpunkt wird zum Explosionsherd, auf den hin alles andere im Bild mithilfe der Fluchtlinien ausgerichtet wird.

ANMERKUNGEN ZUM HORIZONT

Willst du die Bildkomposition verstehen und organisieren, solltest du den Bildhorizont markieren (also die Linie, auf der sich Himmel und Erde treffen). Im Normalfall liegt der Fluchtpunkt auf dem Horizont, aber um die Dramatik einer Szene zu erhöhen, kannst du ihn an jeden beliebigen Punkt verlegen (siehe Seite 107).

HORIZONT

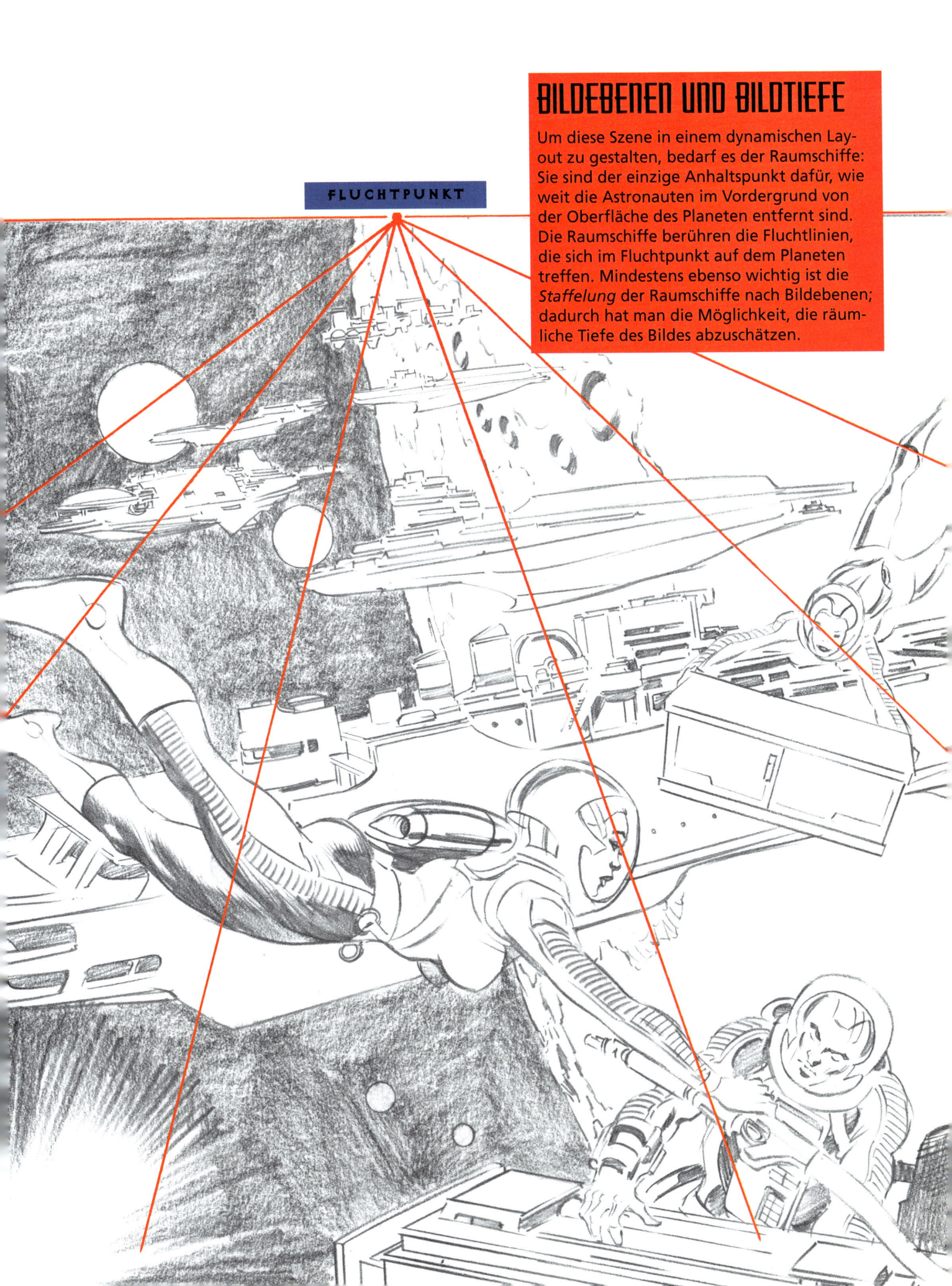

FLUCHTPUNKT

BILDEBENEN UND BILDTIEFE

Um diese Szene in einem dynamischen Layout zu gestalten, bedarf es der Raumschiffe: Sie sind der einzige Anhaltspunkt dafür, wie weit die Astronauten im Vordergrund von der Oberfläche des Planeten entfernt sind. Die Raumschiffe berühren die Fluchtlinien, die sich im Fluchtpunkt auf dem Planeten treffen. Mindestens ebenso wichtig ist die *Staffelung* der Raumschiffe nach Bildebenen; dadurch hat man die Möglichkeit, die räumliche Tiefe des Bildes abzuschätzen.

EIN VOLLES BILD WIRD ÜBERSICHTLICH

Angenommen, du entwirfst ein Bild mit einem irren Wissenschaftler. Du zeichnest alle Laborgeräte sowie den Medizinkram. Es sieht toll aus, aber überladen! Du merkst, dass ein Blickfang fehlt. Dein Meisterwerk ist ein Sammelsurium von Krimskrams! Keine Angst, da lässt sich etwas machen: Das Bild braucht nur Zusammenhalt. Der ergibt sich, wenn der Fluchtpunkt und die zugehörigen Fluchtlinien festgelegt werden. So wird das Auge auf einen Blickfang gelenkt und das Wichtige vom Unwichtigen getrennt.

Im vorliegenden Fall lenken die Fluchtlinien das Auge an der Schwester vorbei zum bandagierten Patienten und dann weiter zu dem wahnsinnigen Arzt, der zum Blickfang des Bildes wird. Das Ergebnis ist ein übersichtliches Bild.

HORIZONT

GEMUSTERTER BODEN ALS BILDZUSAMMENHALT

In dieser Illustration wird kein Detail besonders hervorgehoben. Diese Art Bild erinnert den Leser daran, um was es in einer Szene geht. Es ist ein *erklärendes Bild*, in dem die Figuren Überlegungen anstellen. (Sollen sie das im Tank gefangene Wesen retten oder es töten, solange sie noch können?) Als Kontrapunkt zur relativen Ruhe des Bilds fügt man interessante Details ein. Hier ist das Bodenmuster ein Element, das mit konvergierenden Fluchtlinien das Bild zusammenhält.

ZWEIPUNKT-PERSPEKTIVE

Das Bodenmuster im Bild oben verwendet eine Zweipunktperspektive. Sie liegt vor, wenn eine Szene zwei Fluchtpunkte (FP) hat – einen links und einen rechts. Im obigen Bild schneiden sich die Linien in beiden Fluchtpunkten. Das Resultat ist ein perspektivisch gezeichnetes Schachbrettmuster auf dem Boden.

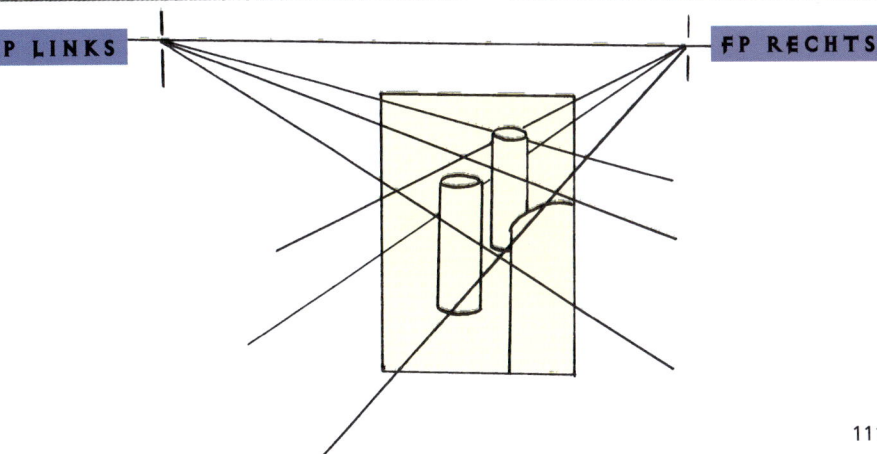

FP LINKS   FP RECHTS

DIE KUNST DES ERZÄHLENS

Es zählt nicht nur, was die Bilder zeigen. Auch wie man von Bild zu Bild, von Seite zu Seite kommt, trägt dazu bei, die Geschichte zu erzählen. Comicbilder existieren nicht in einem Vakuum. Sie sind Teil eines Handlungsablaufs, der in seinem Bildrhythmus den Leser bei der Stange halten soll. Besonders wichtig ist es, das letzte Bild einer Seite so zu gestalten, dass es das Auge des Lesers nahtlos zum ersten Bild der nächsten Seite führt.

Um das zu erreichen, fertigen Zeichner zunächst Scribbles von jeder Seite an – das sind Miniaturlayouts der Bildabfolge mit grob skizzierten Figuren –, bevor sie mit der eigentlichen Zeichnung anfangen. Das soll erkennen helfen, ob die Geschichte flüssig von Bild zu Bild läuft. Wie das funktioniert, sollen zwei Versionen einer Geschichte zeigen. Folgender Handlungsstrang wird erzählt: Die Heldin erfährt auf ihrer Raumstation vom Commander, dass Schurke X ein Lagerhaus in New Jersey ausraubt. Um ihn zu fangen, fliegt sie zur Erde. Unbemerkt schleicht sie ins Lagerhaus. Als Schurke X sie entdeckt, kommt es zum Kampf.

DIE HELDIN

VERSION 1

Auf der ersten Seite zeigt der Zeichner die Raumstation und wechselt dann zwischen Heldin und Commander ab. Im letzten Bild der Seite fliegt die Heldin nach rechts davon. Das ist sehr wichtig, denn so lenkt sie das Auge des Lesers auf die nächste Seite, die mit einer Totalen Übersicht schafft und dann zur Handlung mit dem Schurken X im Lagerhaus überleitet.

VERSION 2

Diese Bildabfolge zeigt etwas mehr von den Dekors, die für diese Art von Geschichte wichtig sind – weil die Hauptperson von einem Ort zum anderen fliegen muss. Aber auch hier fliegt die Heldin im letzten Bild nach rechts aus dem Bild und führt den Leser so auf die nächste Seite.

Natürlich gibt es unterschiedliche Möglichkeiten Kampfszenen darzustellen. Bei Kämpfen wird weniger Hintergrund angedeutet, damit das Auge des Lesers die explosive Szene rasch überfliegen kann. Das unterscheidet sich vom Detailreichtum der vorangehenden Szene (Seite 112), in der wir erreichen wollten, dass der Leser sein Wahrnehmungstempo verlangsamt, um die Szenerie und den Dialog aufzunehmen. In der Kampfszene spielt sich hier im Wesentlichen Folgendes ab: Erst wird die Heldin vom Schurken angegriffen, dann fängt sie sich und schleudert ihn quer durchs Lagerhaus. Als sie sehen will, ob er bewusstlos ist, bombardiert er sie mit einer Kiste, aber da macht sie ihn mit einer Schockwelle fertig.

VERSION I

Diese Fassung der Szene ist mit einfachen Bildern schlicht gehalten.

DER SCHURKE

VERSION 2

Diese Version verwendet abwechslungsreichere Bildformen. (Bemühe dich, bei den Scribbles locker zu bleiben, denn du notierst nur verschiedene Ideen, um zu sehen, welche Bildgestaltung die dynamischste ist. In diesem Stadium kannst du ausschneiden, umkleben, radieren und neu arrangieren.)

DIE VERFOLGUNGSJAGD BILD FÜR BILD

Gehen wir jetzt von den Scribbles zur Ausarbeitung von vier Seiten, die eine komplette Verfolgungsjagd darstellen. Dieser Abschnitt sollte Rhythmus, Abwechslung, Spannung und Action bieten. Beachte die Bildform, den Blickwinkel und die Art, wie jedes Bild das nächste vorbereitet. Die Bildsequenz weckt beim Leser mit einem *Aufmacherbild* – einem ganzseitigen Bild – die Neugier. Die Heldin wird von hinten gezeigt, was andeutet, dass sie verfolgt wird. In diesem Fall haben die Leser den gleichen Blickwinkel wie die Schurken, die sie verfolgen.

Die zweite Seite beginnt damit, dass die Füße des Schurken von links ins Bild kommen. Das lenkt das Auge rasch zum nächsten Bild, einer Vogelperspektive, die andeutet, dass die Heldin beobachtet wird.

Das dritte Bild zeigt die Schurken genauer. Das erweckt den Eindruck, dass sie der Heldin näher kommen.

Die Jagd geht weiter, bis die Heldin zu müde zum Laufen wird. Sie beschließt, den Verfolgern hinter einem Felsen aufzulauern.

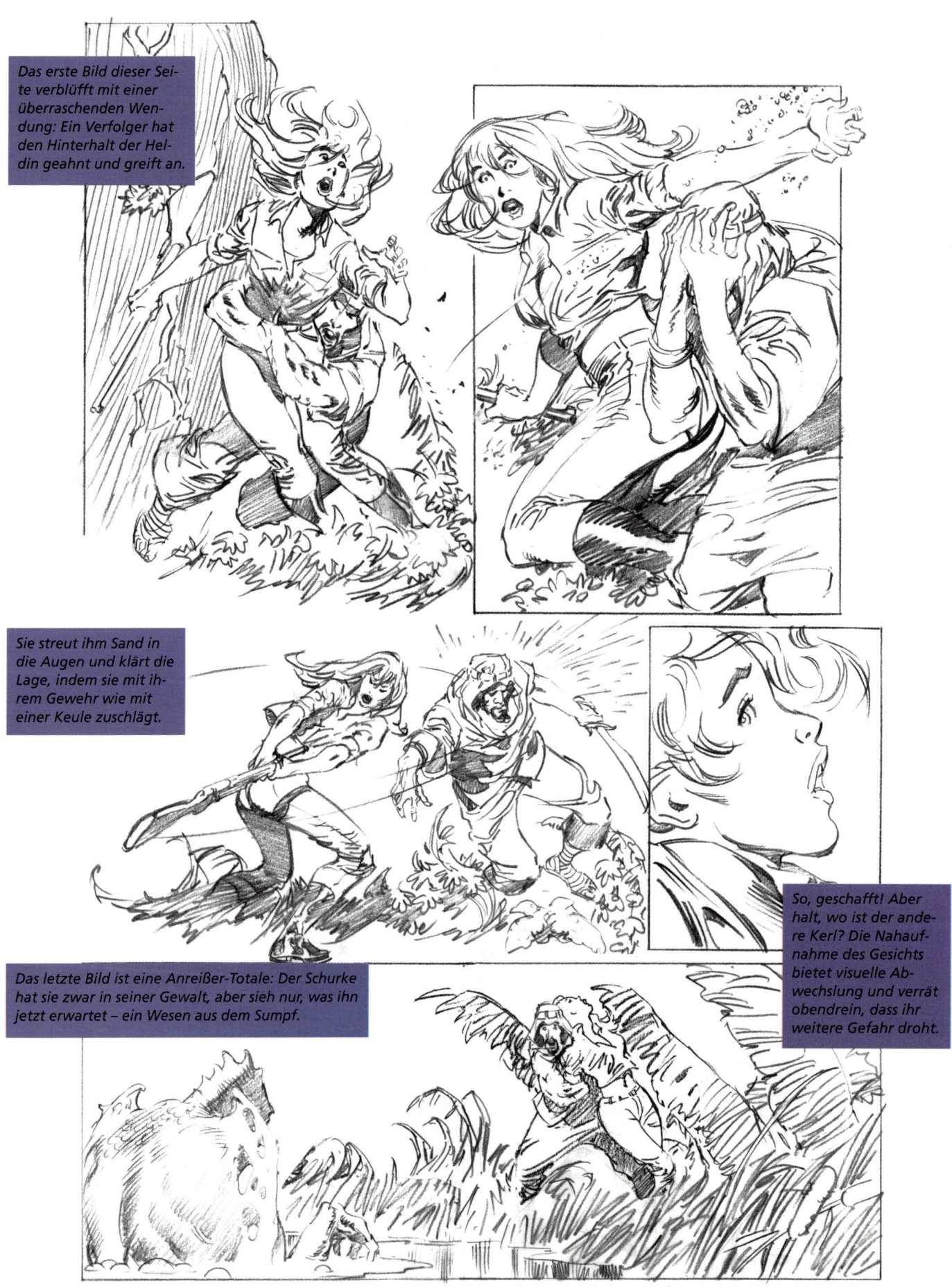

Das erste Bild dieser Seite verblüfft mit einer überraschenden Wendung: Ein Verfolger hat den Hinterhalt der Heldin geahnt und greift an.

Sie streut ihm Sand in die Augen und klärt die Lage, indem sie mit ihrem Gewehr wie mit einer Keule zuschlägt.

So, geschafft! Aber halt, wo ist der andere Kerl? Die Nahaufnahme des Gesichts bietet visuelle Abwechslung und verrät obendrein, dass ihr weitere Gefahr droht.

Das letzte Bild ist eine Anreißer-Totale: Der Schurke hat sie zwar in seiner Gewalt, aber sieh nur, was ihn jetzt erwartet – ein Wesen aus dem Sumpf.

Beachte das dramatische erste Bild dieser Seite. (Alle Auftaktbilder sollten „Aufreißer" sein, denn wenn der Leser dazu gebracht wird, eine Seite anzufangen, liest er sie gewöhnlich auch zu Ende.) Der Angriff des Monsters gibt der Heldin Zeit zur Flucht. Sie schafft es bis zu ihrem Pferd. Das letzte Bild – ein großes Panoramabild – setzt einen Schlussstrich unter die Sequenz.

WIE MAN EIN BRILLANTES TITELBILD ENTWIRFT

Das Titelbild verkauft das Comicheft. Damit der Leser ein Heft in die Hand nimmt, muss das Titelbild unter Dutzenden konkurrierender Hefte ins Auge stechen. Es muss aufregend sein – aber das allein genügt nicht. Es muss auch die Hauptfigur deutlich zeigen, sonst erkennt der Betrachter nicht, um welches Heft es sich handelt. Und es muss eine spannende Szene zeigen, damit die Leute das Heft lesen wollen, um herauszufinden, wie es weitergeht. Außerdem muss im Bild auch noch Platz für den Titelschriftzug sein – allerdings nicht so üppig, dass eine „tote" Lücke zwischen Bild und Titel klafft.

Das Beispiel hier zeigt ein gutes Titelbild: Die Hauptfigur ist in Gefahr. Wir sehen sie deutlich. Der Schurke ist sprungbereit. Aber sie hat auch eine Waffe. Wird sie rechtzeitig schießen? Kauf das Heft, dann weißt du es.

Hier sind die typischen Überlegungen, die ein Zeichner anstellt, um ein Titelbild zu entwerfen. Er skizziert einige Ideen und der Redakteur oder die Redakteurin beurteilen sie. In dieser Phase legt der Zeichner der Redak- tion mehrere Ideen vor. Wenn eine Idee gefällt, arbeitet er sie weiter aus und lässt sie erneut kommentieren, bis er endlich grünes Licht bekommt. Es folgen einige typische Kommentare von Redakteuren.

MAN SIEHT DAS
MÄDCHEN NICHT
– RED

SIEHT ZU SEHR AUS
WIE EIN BILD IM HEFT
– RED

SIE IST ZU INAKTIV
– RED

GUTE POSE, ABER
LASS PLATZ FÜR DEN
TITEL
– RED

GUT. WÄRE ABER
BESSER, ER HÄTTE
AUCH EINE WAFFE
– RED

PERFEKT!
– RED

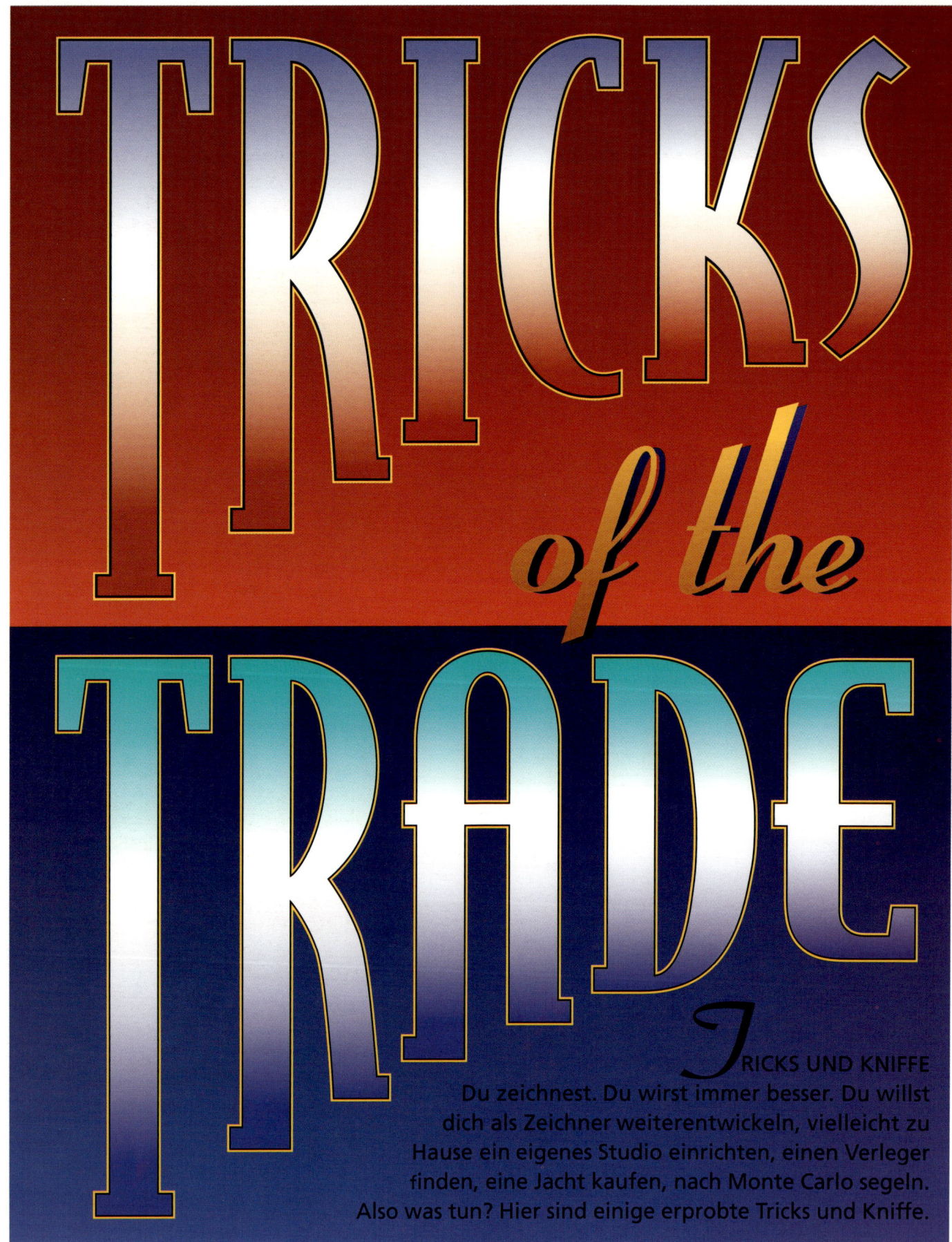

TRICKS of the TRADE

TRICKS UND KNIFFE
Du zeichnest. Du wirst immer besser. Du willst
dich als Zeichner weiterentwickeln, vielleicht zu
Hause ein eigenes Studio einrichten, einen Verleger
finden, eine Jacht kaufen, nach Monte Carlo segeln.
Also was tun? Hier sind einige erprobte Tricks und Kniffe.

ERPROBTE TRICKS UND KNIFFE

NACH DER NATUR SKIZZIEREN

Egal ob du mit dem Skizzenblock in einer Fußgängerzone sitzt oder in einem Zeichenkurs ein lebendes Modell abzeichnest. Egal ob jung, alt, gut aussehend, seltsam oder hässlich – Hauptsache du lernst *Menschen* zeichnen. Und Modellzeichnen ist die beste Art, es zu lernen.

Steck einen Skizzenblock ein. Mit diesem einfachen Trick haben die meisten Künstler irgendwann gearbeitet. Nimm ihn in den Park mit, zum Rockkonzert, ins Stadion oder wo immer sich viele Menschen aufhalten. Mach viele Skizzen und hebe sie als Anschauungsmaterial auf.

KURSE IM MODELLZEICHNEN

Das Zeichnen nach lebenden Modellen hilft nicht bei Layout, Kostümdesign, Stilisierung und Idealisierung sowie anderen für Comics wichtigen Fragen, die in diesem Buch formuliert wurden. Aber es vermittelt ein solides Fundament in Anatomie. Viele Künstler besuchen ihr Leben lang zur Auffrischung ihres Talents immer wieder Kurse im Modellzeichnen. Wahrscheinlich gibt es auch in deiner Nähe eine Institution, die entsprechende Kurse anbietet. Du musst nicht unbedingt Ganztagskurse belegen. Oft gibt es Abendkurse, die nur einmal pro Woche stattfinden.

EIN BEQUEMER ZEICHENTISCH

Klingt eigentlich logisch, oder? Ist es aber nicht. Du sitzt im Laden 30 Sekunden an dem Tisch. Er sieht nett aus, ist aber etwas unbequem. Doch der Verkäufer sagt dir, man kann ihn individuell einstellen, und deshalb kaufst du ihn, weil du meinst, du wirst ihn zu Hause schon richtig aufbauen.

Als professioneller Comiczeichner wirst du täglich viele Stunden an diesem Tisch sitzen. Kauf ihn nicht, wenn du damit nicht absolut zufrieden bist, *solange du noch im Laden weilst.* Passe ihn an Ort und Stelle individuell an und setz dich einige Zeit lang davor. Nimm eine Liste mit, auf der alles steht, was du von deinem Tisch erwartest. Beispiele: Wo kann ich den elektrischen Bleistiftspitzer festmachen? Passt ein Lichtkasten darauf? Sind genug Fächer für Federn, Stifte, Bleistifte und Lineale vorhanden? Und nicht zu vergessen: Wackelt er, wenn du dich aufstützt? Ein wackelnder Tisch wird dich auf Dauer verrückt machen.

EIN BILDARCHIV ANLEGEN

Eine super Idee ist es, ein Bildarchiv mit Referenzmaterial anzulegen, also mit seltenen Bildern, auf die man bei Bedarf zurückgreifen kann. Du siehst z. B. in einer Zeitschrift ein cooles Amphibienfahrzeug, schneidest es aus und archivierst es. Musst du eines Tages eines zeichnen, brauchst du keine Zeit damit verschwenden, in der Bibliothek ein passendes Bild zu suchen.

IDEEN FÜR AUSGEFALLENE KOSTÜME

Gehe zu einem großen Zeitungskiosk oder einer Bahnhofsbuchhandlung, die internationale Zeitschriften anbietet. Schau dir europäische Modezeitschriften an. Die Models sind zwar oft etwas abgefahren, aber sexy. Schau dir an, was sie auf dem Laufsteg tragen: ausgefallene Entwürfe und Designermode, die nicht wirklich für den Handel gemacht sind, sondern für die Insider der Modeindustrie und die Presse. Diese Mode bringt viele Anregungen, weil auch Comicfrauen ausgefallene, abgefahrene Kleidung tragen, die sexy wirkt. Modezeitschriften sind zwar in der Regel etwas teurer, aber oft zahlt es sich aus, dass man sie sich als Referenzmaterial zu Nutze macht.

SEI AUF DEM LAUFENDEN

Alles ändert sich. Du solltest den Markt und seine Trends kennen und die Namen beliebter Zeichner, Autoren, Redakteure und Verleger wissen. Wenn du Comics kaufst, schau ins Impressum. Lies, was du über Leute aus der Comicbranche erfährst, damit du mitreden kannst. Wenn dann ein Redakteur einen Zeichner sucht, der wie XY zeichnet, weißt du, wer XY ist, und musst es dir nicht erst erklären oder zeigen lassen.

VERLIEB DICH NICHT IN DEINE ARBEIT

Es ist klar, dass deine Arbeit darunter leidet, wenn du ein Perfektionist bist, der zwanghaft jede angefangene Zeichnung bis ins Letzte ausarbeiten will. Du musst einsehen, dass nicht alles, was du zeichnest, perfekt ist oder sein muss. Du solltest dir Fehler zugestehen, weil so mancher Fehler geniale Ansätze birgt. Selbst wenn du eine Zeichnung für perfekt hältst, kann es sein, dass der zuständige Redakteur wiederholt Änderungen verlangt – und die musst du machen. Du sollst zwar Freude an deinen Zeichnungen haben, aber verlieb dich erst in sie, wenn sie aus der Druckerei kommen.

HALTE DEINE PRÄSENTATIONS- MAPPE AUF DEM LAUFENDEN

Tausche in deiner Präsentationsmappe die guten Zeichnungen immer gegen bessere aus. Bring deine Arbeitsmappe auch auf den neuesten Stand, wenn es nötig ist, dass dein Zeichenstil moderner werden muss, damit er zu aktuellen Trends passt, oder wenn die Zeichnungen nicht mehr dem Stil entsprechen, für den du bekannt geworden bist. Betrachte deine Präsentationsmappe als etwas Lebendiges, das sich wie du ständig ändert und der Zeit anpasst.

TELEFONIERE

Wenn du etwas Interessantes veröffent-
lichst, häng dich ans Telefon, und mache
Redakteure auf deine Arbeit aufmerk-
sam. Kannst du sie zu einem Arbeits-
essen einladen, um so besser. Sind sie
zu beschäftigt für ein Telefonat oder
schwer zu erreichen, stecke Belege deiner neuesten Arbeiten zusammen mit
einem freundlichen Anschreiben in ein
Kuvert und schicke es ihnen. Bringe dich
stets in Erinnerung, aber sei nicht auf-
dringlich. Bedenke auch, dass Redakteure den Verlag wechseln können.
Halte Kontakt, wenn du den Kontakt
nicht verlieren willst.

BENUTZE KURIERDIENSTE

Wenn dir ein Verleger einen Auftrag er-
teilt, musst du ihm die Originalzeichnun-
gen schicken. Du möchtest natürlich vermeiden, dass sie beim Transport beschä-
digt werden oder verloren gehen, also
schicke Originale mit einem Kurierdienst.
Ich rate dringend vom normalen Postweg
ab, denn wenn etwas verloren geht oder
sich die Auslieferung verzögert, ist es nach
meiner Erfahrung äußerst schwierig, eine
verschwundene Postsendung ausfindig zu
machen.

MACH DEINE STEUERERKLÄRUNG

Wenn du, wie die meisten Comiczeichner,
freiberuflich tätig bist, wirst du zur Einkom-
mensteuer veranlagt und jährlich, viertel-
jährlich oder monatlich Mehrwertsteuer ans
Finanzamt abführen. Lass dich von einem
Steuerberater oder beim Finanzamt beraten.

BLEIB BEI DEINEM TUSCHZEICHNER

Manche Tuschzeichner lassen deine Arbeit besser aussehen als andere. Vielleicht hast du Gelegenheit, deinen Lieblings-Inker einem Redakteur zu empfehlen, dann tut das der Tuschzeichner umgekehrt auch. Das hilft nicht nur, Jobs zu finden, sondern lässt deine Comics auch besonders gut aussehen.

PRÜFE, OB ES STELLENANGEBOTE BEIM TRICKFILM GIBT

Es gibt viele Zeichentrickserien und -filme, für die Zeichner mit Comicerfahrung gesucht werden. Auch in Deutschland. Denk mal darüber nach. Schau im Vor- oder Abspann oder auf einem Kinoplakat nach, wie die Produktionsfirma heißt. Ruf dort an und frage, an wen du dich wegen einer Stellenbewerbung als Trickzeichner oder Storyboarder wenden musst. Oder erkundige dich bei der ASIFA, der Organisation der Trickfilmer.

MERCHANDISING

Im Lizenzgeschäft wird viel Geld gemacht. Es werden ständig Zeichner gesucht, die alles Mögliche – von der Spielzeugschachtel über Karten und Spiele mit Actionfiguren – illustrieren sollen.

COMICVERLAGE

Da in Deutschland nur wenige Verlage Originalmaterial publizieren, sind hier die amerikanischen Comicverlage aufgeführt, die immer wieder Talente suchen. Einsendungen gehen an den „Submissions Editor", ein selbstadressierter Umschlag mit Rückporto sollte beiliegen. (Was man einreicht, dazu mehr in den Interviews ab Seite 130.) Manche Verlage haben Richtlinien für Einsendungen, die sie dir zuschicken.

ACCLAIM COMICS
One Acclaim Plaza
Glen Cove, NY 11542
www.acclaim.net/comics/submit.html
Einsende-Richtlinien auf der Website.

ARCHIE COMIC PUBLICATIONS
325 Fayette Avenue
Mamaroneck, NY 10543
(914) 381-5155
www.archiecomics.com

CHANTING MONKS STUDIOS
360-AW Merrick Road, Suite 350
Valley Stream, NY 11580
(516) 285-5545
www.mediasi.com/chantingmonks

CHAOS COMICS
7655 East Gelding Road
Scottsdale, AZ 85260
(888) CHAOS13, ext. 556
www.chaoscomics.com

DARK HORSE COMICS
10956 SE Main Street
Milwaukie, OR 97222
www.darkhorse.com
Einsende-Richtlinien auf der Website.

DC COMICS
1700 Broadway
New York, NY 10019
www.dccomics.com/guides/guides.htm
Einsende-Richtlinien auf der Website.

DISNEY COMICS
500 S. Buena Vista Street
Burbank, CA 91521
(818) 567-5739
www.westbrabant.net/dcw

FANTAGRAPHICS BOOKS
7563 Lake City Way
Seattle, WA 98155
(206) 524-1967
www.fantagraphics.com

GLADSTONE PUBLISHING
P.O. Box 2079
Prescott, AZ 86302
(602) 776-1300

HARRIS PUBLICATIONS
1115 Broadway, 8th floor
New York, NY 10010
(212) 807-7100

IMAGE COMICS
1440 North Harbor Road, #305
Fullerton, CA 92635
(714) 871-8802

MARVEL COMICS GROUP
387 Park Avenue South
New York, NY 10016
attn: Darren Auck
www.marvelcomics.com/community
Einsende-Richtlinien auf der Website.

SIRIUS ENTERTAINMENT, INC.
P.O. Box 128
Stanhope, NJ 07874
(201) 347-6611
sirius.edgeglobal.com

TOP COW PRODUCTIONS, INC.
1223 Wilshire Boulevard #496
Santa Monica, CA 90401
(310) 286-0758
www.topcow.com/topcow/tcp/faqidx.html
Einsende-Richtlinien auf der Website.

WEITERE ADRESSEN

Neben den angegebenen Adressen gibt es eine Internetsite mit Informationen über die amerikanische Comicbranche:

www.nexilis-hobbies.com/indyworld/reference/industry.shtml

Um sicherzugehen, dass die Adresse eines Verlags noch stimmt, sollte man vor dem Absenden eines Briefs noch einmal dessen Website ansehen. Die Post- und Internetadressen deutscher Comicverlage stehen jeweils im Impressum der Hefte.

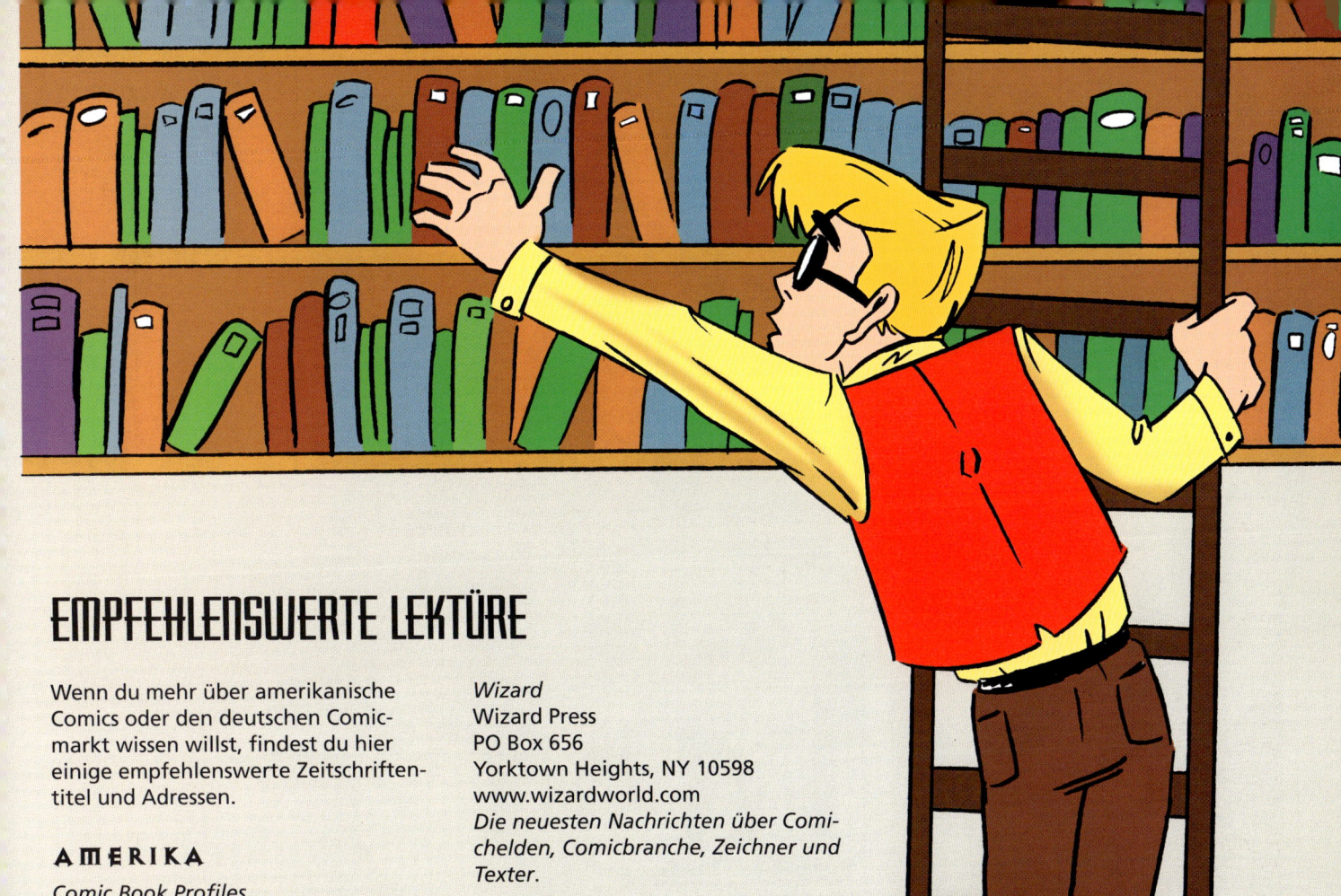

EMPFEHLENSWERTE LEKTÜRE

Wenn du mehr über amerikanische Comics oder den deutschen Comicmarkt wissen willst, findest du hier einige empfehlenswerte Zeitschriftentitel und Adressen.

AMERIKA

Comic Book Profiles
As You Like It Publications
Dept. W
P.O. Box 2055
Poughkeepsie, NY 12601
www.comicsfun.com/cbprofiles
Beschäftigt sich ausführlich mit den Branchenprofis.

The Comics
Robin Snyder
2284 Yew Street Road, #B6
Bellingham, WA 98226
www.comicsfun.com/thecomics/index.htm
Bietet Information über Comicverlage, Zeichner, Autoren und Trends der Comicbranche und berichtet über die Geschichte der Comic-Industrie.

Comics Buyer's Guide
Krause Publications
700 E. State Street
Iola, WI 54990
www.krause.com/comics/bg
Bietet Profis und Fans News über Comics und stellt Zeichner und Texter vor.

Wizard
Wizard Press
PO Box 656
Yorktown Heights, NY 10598
www.wizardworld.com
Die neuesten Nachrichten über Comichelden, Comicbranche, Zeichner und Texter.

DEUTSCHLAND

Über aktuelle Trends in Deutschland und im Ausland berichtet:
Zack
MOSAIK Steinchen für Steinchen Verlag
Lindenallee 5
14050 Berlin-Westend
www.zack-magazin.com

Über den Sammlermarkt und Neuerscheinungen informiert:
Die Sprechblase
Postfach 1170
69246 Schönau

Das Fachblatt RRAAH! wird 2001 eingestellt. Internetadresse: www.comic.de

Comicrelevante Informationen bietet der Interessenverband Comic e.V.:
ICOM
Burkhard Ihme
Danneckerstraße 12
70182 Stuttgart
www.comic-i.com

The Interviews

HIER SIND SIE! Hilfreiche Exklusivinterviews aus zwei Top-Comicredaktionen: Bobbie Chase von den weltbekannten Marvel Comics und Renae Geerlings vom viel beachteten Independent-Verlag Top Cow Productions. Sie verraten, wie man in der Comicbranche einen Job findet, was in der Präsentationsmappe sein sollte – und was nicht. Sie erklären, wie sie Zeichner aussuchen, und erläutern außerdem, wie man die Fehler vermeiden kann, die angehende Zeichner häufig machen. Hier erfährst du alles über die Comicbranche, wie man es schafft, seine ersten Schritte zu machen und Fuß zu fassen.

STARKE FRAUEN

EIN INTERVIEW MIT BOBBIE CHASE, REDAKTION MARVEL COMICS

Chris Hart: Was war dein Background, wie bist du zu Marvel gekommen und an welchen Comicheften hast du mitgearbeitet?

Bobbie Chase: Ich bin jetzt seit 14 Jahren bei Marvel und im Grunde war das mein erster Job nach dem College. Ich hatte Englisch im Hauptfach, Theaterwissenschaft im Nebenfach. Ich machte Bühnenentwurf, und das war für diesen Job eigentlich eine gute Vorarbeit.

Ich hatte vorher keine Ahnung von Comics. Das wäre eigentlich ganz gut, meinte der Personalchef, der mich einstellte, weil manchmal Leute, die seit 20 Jahren Comicliebhaber sind, mit vorgefassten Meinungen über die Figuren ankämen und die Geschichten in eine bestimmte Richtung dirigieren wollten. Ich kam also als Neuling hier an und hatte keine Ahnung von den *Fantastic Four* oder so. Nur von *Spider-Man* hatte ich schon mal gehört.

Ich habe mit fast jeder Marvel-Figur gearbeitet. Momentan sitze ich an den *Fantastic Four, Iron Man, Captain America* und *Warlock. The Incredible Hulk* redigiere ich seit zehn Jahren.

CH: Ich habe all diese Helden als Junge gemocht. Aber der Hulk wirkte immer besonders gefährlich.

BC: Nun, der Hulk ist immer eine besonders schwierige Figur gewesen. Es gab lange Zeit viele Leute, die nicht für *The Incredible Hulk* schreiben wollten, weil es mühsam war, sich Geschichten für eine Hauptfigur auszudenken, die beinahe selbst der Schurke im Stück ist. Es war nicht einfach, den Burschen in den Griff zu bekommen oder ihm einen sympathischen Touch zu verleihen. Aber es hat mit ihm viel Spaß gemacht, weil er für viele Kinder die ersten Allmachtsfantasien befriedigt.

CH: Wie wichtig ist es für einen Comiczeichner, dass er besonders attraktive Comicfrauen zeichnen kann?

BC: Sehr attraktive Comicfrauen *und -männer*. Bei beiden wird übertrieben.

Bei Männern und Frauen wird gleichermaßen der Körper übertrieben dargestellt. Angehenden Zeichnern gebe ich immer diesen Rat: Nimm die verlängerte Modefigur und packe Muskeln drauf. Manche Zeichner fangen damit an, dass sie aus Bodybuilderzeitschriften abzeichnen. Aber das entspricht nicht so ganz dem, wie Comichelden und -heldinnen gezeichnet werden, weil man da die überstreckte Körperform braucht und die Personen überlebensgroß sind.

CH: Und die Heldinnen wirken femininer. Es sind nicht einfach maskuline Frauen. Sie sind unglaublich stark und zugleich unglaublich feminin.
BC: Ja. Natürlich werden die Geschichten meist von Männern geschrieben, daher sind die weiblichen Reaktionen manchmal etwas daneben, aber viele der Jungs kriegen das ganz gut hin.

CH: Was erwartest du von einem Zeichner, der Comicfrauen zeichnen soll?
BC: Ich bevorzuge Leute, die die weibliche Figur mit einem gewissen Respekt betrachten. Ich mag keine zu übertriebene Anatomie, zu übertriebene Brüste oder Posen, die zu affektiert sind und an Pinups erinnern.

Leider entwickelt sich jetzt eine Generation von Zeichnern, die sich Comiczeichnungen zum Vorbild nehmen, um zeichnen zu lernen. Meiner Meinung nach ist das ein Rückschritt. Es gibt gewisse zeichnerische Kürzel, die man in Comics sieht und übernehmen kann, um Figuren in Bewegung zu versetzen, aber das Modellzeichnen ist absolut notwendig.

CH: Wie haben sich Frauen in Comics in den letzten zehn Jahren verändert?
BC: Es gibt viel mehr kämpferische Frauen und nicht mehr so viele, die Kanonenfutter sind. Anders gesagt: Wenn vom *Hulk* die Rede ist, war Betty Banner die Frau, die sich in Gefahr befand, die Frau, die gerettet werden wollte. Es gibt jetzt viel mehr Frauenfiguren, die tatsächlich Teams leiten und eine Führungsfunktion wahrnehmen.

CH: Wie wichtig ist es für jemanden, der ins Geschäft kommen will, sich auf Comicsalons und -treffs umzuhören?

BC: Es ist nicht wichtig, aber es hilft, weil es Gelegenheit gibt, einmal mit einem Redakteur zu reden – also der Person, die Arbeit verteilen könnte. Wenn ich im Büro bin, beantworte ich Anfragen. Es dauert zwar endlos lange, aber ich antworte auf jede Einsendung. Normalerweise mit einem Brief, manchmal auch mit hilfreichen Tipps. Aber das passiert selten, weil meine Zeit recht knapp ist. Auf einem Comicsalon kann man vielleicht zehn Redakteure treffen, zehn Meinungen zu den eigenen Zeichnungen hören und verarbeiten.

CH: Wenn jemand eine Mappe mit Arbeitsproben zusammenstellt und dich von der Redaktion auf einem Salon oder bei einem Vorstellungsgespräch trifft, was genau willst du dann zu sehen bekommen? Wie viele Seiten sollten das sein? Sollen sie in Farbe sein?
BC: Wenn ein Vorzeichner mit einer Mappe kommt, erwarte ich von ihm Bleistiftzeichnungen. Mindestens fünf Seiten mit einer durchgehenden Handlung, damit wir sehen, ob er oder sie die Probleme des Erzählens im Comic versteht. Auf den Probeseiten sollten

auch erkennbare Marvel-Figuren vorkommen, damit wir sehen, ob der Zeichner unsere Figuren nach unseren Vorstellungen anfertigen kann.

Ein Tuschzeichner sollte verschiedene Beispiele vorlegen, vielleicht je zwei Seiten mit jeweils anderen Vorzeichnern, damit wir sehen, was er aus den Vorgaben eines anderen macht. Wenn wir einen Bleistiftzeichner anstellen, wollen wir keine Tuschzeichnungen sehen. Und bei einem Tuschzeichner erwarten wir, dass er nicht *seine* Bleistiftzeichnungen tuscht, außer wir suchen jemanden, der beides macht.

CH: Und wie viele Zeichner tun das?
BC: Es ist eher unüblich, weil es schwierig ist, 22 Seiten pro Monat zu liefern. In der Regel arbeiten bei uns ein Bleistift- und ein Tuschzeichner im Team.

CH: Wie wichtig ist ein Computerkolorist für das Aussehen von Comics?
BC: Unerlässlich. Aber erst seit den letzten zehn Jahren. Als ich bei Marvel anfing, wurde das Kolorit noch in Connecticut von kleinen alten Damen in einem Studio auf Zelluloidfolie gemalt. Heute wird das alles am Computer gemacht. Die Farbe ist ein integraler Bestandteil der Comics.

CH: Kannst du ein paar Tipps geben, wie man auffällige Kostüme für weibliche Comicfiguren entwirft?
BC: Wir kommen weg vom Stretchkostüm. Unlängst haben wir einer Figur ein neues Kostüm verpasst. Sie trug seit Jahren einen Badeanzug. Nun ja, sie stammt aus dem Meer, aus Atlantis. Sie lebt unter Wasser. Daher machte der Badeanzug eigentlich Sinn. Aber ihre ganzen Kämpfe fanden in Manhattan statt. Also gaben wir ihr etwas, was dort besser in die Landschaft passt – Hosen.

CH: Ist es in unserer politisch korrekten Zeit schwierig, in Comics Frauen zu bringen, die sexy aussehen, ohne dass man damit Ärger bekommt?
BC: Unsere Gesellschaft ist in puncto Sex empfindlicher als in puncto Gewalt. Gelegentlich sagt jemand „Wie grauenhaft", aber wir regulieren das selbst. Es gibt einen „Comics Code". Wir schicken [unser Material] an die Code Authority,

eine Art freiwilliger Selbstkontrolle, um sicherzugehen, dass wir nichts Unerwünschtes machen. Aber wir sind firmenintern eigentlich noch strenger. Comicverlage, die das Prüfsiegel der Code Authority nicht wollen, kennzeichnen ihre Hefte mit dem Aufdruck „Für Erwachsene". Wenn wir Hefte ohne Codesiegel produzieren, vertreiben wir sie nicht über den Kiosk, sondern nur über Spezialbuchhandlungen.

CH: Wenn ein Zeichner also über die Stränge schlagen will, dann kann er das. Dafür gibt es eigene Verlage. Das wären dann aber keine Mainstream-Comics.
BC: Genau. Und unsere Firma gehört mitten in den Mainstream.

CH: Wer sind eure erfolgreichsten weiblichen Comicfiguren? Und wie haben sich diese Charaktere im Lauf der Jahre verändert?
BC: Da gibt es viele. Zum Beispiel Betty Banner. Betty Ross Banner – die Gattin von Bruce (The Incredible Hulk) Banner. Anfangs war sie seine Freundin, schließlich hat sie ihn geheiratet. Von der guten kleinen Hausfrau hat sie sich oft genug zum Mitstreiter gemausert. Sie hat Durchhaltevermögen und ist eine starke Frau. In letzter Zeit arbeitet sie häufiger bei Berater-Hotlines und ist auch zusammen mit Teams aufgetreten, in denen der Hulk mitgewirkt hat.

Sue Storm, urspünglich das unsichtbare Girl bei den Fantastic Four, ist jetzt Sue Storm Richards, die Ehefrau von Mr. Fantastic. Jetzt ist sie die unsichtbare Frau. Sie hat sich vom „Girl" zur „Frau" gewandelt. Ist sie früher noch in Ohnmacht gefallen, weil sie ihre Kräfte eingesetzt hat, repräsentiert sie heute einen harten Teamchef, der bestimmt: „Okay, Ben, du gehst hier hin, du, Reed, da und du, Johnny, dort. Und dann gleichzeitig los zur Mitte."

Dann haben wir Jennifer Walters (She-Hulk), die Cousine des Hulk, eine weitere starke Heldin.

Und es gibt noch die X-Men. Einen der Gründe dafür, dass das unsere beliebteste Serie ist, sehe ich darin, dass es da viele starke Frauen gibt. Kitty Pride, die Marvel Girls, Storm, einfach viele Frauen. Und es kommen noch mehr dazu. Tatsächlich wächst der weibliche Bestand noch. Und jede der Figuren verfügt über eine einmalige Persönlichkeit und einmalige Kräfte.

CH: Wenn eine Figur sich zu stark ändert, besteht dann die Gefahr, dass man die ursprünglichen Fans verliert?
BC: Ja, natürlich. Dafür sind Redakteure da. Wir sind die Aufpasser. Wir sorgen dafür, dass die Figuren Persönlichkeit und Aussehen beibehalten, wenn sich Texter und Zeichner ändern. Wir sorgen auch dafür, dass die Figuren stimmig bleiben, wenn sie von Redakteuren, Textern und Zeichnern für andere Serien ausgeliehen werden. Wenn es eine Firma so lange gibt wie unsere, haben sich die Figuren entwickelt. Wir bemühen uns dann, sie immer eine gewisse Zeit unverändert zu lassen.

CH: Was sind typische Schwächen, die dir an Arbeiten angehender Comiczeichner auffallen?
BC: Wenn mir ein Zeichner seine Arbeitsmappe zeigen will, ist eine typische Frage: „Worauf kommt es besonders an?" Das wird wirklich oft gefragt. Aufs Erzählen der Geschichte? Auf Anatomie? Auf Perspektive? Ich sage dann immer: leider auf alles zusammen. Sehr oft haben Zeichner Probleme damit, wie man eine Comicgeschichte erzählt. Wir machen immer den Vergleich mit dem Stummfilm. In einem Comicheft sollte es möglich sein, alle Sprechblasen aus den Bildern zu nehmen und dann beim Betrachten von 22 Seiten die Handlung zu verstehen und genau zu sehen, was da passiert. Viele Zeichner haben damit Probleme, weil sie nicht die Zeit aufwenden, einleitende Totalen zu zeichnen, Hintergründe und Blickwinkel auszuarbeiten oder die Bewegung von Figuren linear zu gestalten. Sie konzentrieren sich mehr auf Zeichnungen vom Typ Pinup, die gut auf den Titel oder gelegentliche Großbilder passen. Klar sollen die Zeichnungen dynamisch sein, aber man darf darüber nicht das Geschichtenerzählen vergessen.

Das bringt uns zu einem weiteren Problem, das Zeichner haben, die von anderen Comiczeichnern lernen. Oft lassen sie Hintergründe und Umgebungsbilder weg, weil sie einfach keine Ahnung von Perspektive und der komplexen Natur des Zeichnens haben. Und das kommt daher, dass sie sich hauptsächlich darauf konzentrieren, das Zeichnen von Comicfiguren zu lernen.

CH: Wieso sind Marvel-Helden so beliebt?
BC: Marvel Comics war schon immer stolz darauf, die besten Figuren der

TURBO

① ②

MASK FROM DESIGN ①

THIS DESIGN ALSO COULD WORK WITHOUT THE CABLES

ON THIS ONE, I LIKE #1 WITHOUT THE CABLES

Steve

ARTHUR STACY

JILL STACY

PAUL STACY

Comicindustrie zu haben. Sie besitzen diese Riesenkräfte, aber sie haben auch ihre Grenzen, ihr kompliziertes Leben, ihre Gefühle, Fehler und Alltagsprobleme, mit denen sich die Leser identifizieren können.

Ein Held wie Spider-Man hat solche Grenzen. Seine Spinnenflüssigkeit geht aus und er kriegt nichts auf die Reihe. Oder er ist mitten in einem Kampf und merkt, dass in seiner Kamera kein Film ist, obwohl er doch seinen Lebensunterhalt damit verdient, dass er dem Daily Bugle Bilder von seinen Kämpfen verkauft. Aber ohne Film keine Bilder und kein Verdienst. Oder er kämpft wieder mal mit Doctor Octopus, ist aber mit seiner Freundin verabredet. Sie wird natürlich ziemlich wütend sein, weil er sie versetzt. Na, du weißt schon, diese ganz normalen Probleme des Alltags.

CH: Wie sieht die Kommunikation zwischen Comicredakteur und Zeichner aus? Spricht man beim Zeichnen öfter miteinander oder erst, wenn die Zeichnungen abgegeben worden sind?
BC: Kommt auf den Zeichner an. Der Redakteur bestellt die Zeichner. Er achtet darauf, dass die Teams harmonieren. Manchmal braucht ein Zeichner mehr Zuspruch. Aber insgesamt wird weniger an Comics korrigiert als früher. Zeichner, die schon lange im Geschäft sind, erzählen gern, dass sie früher 22 Seiten abgaben und dann 22 Seiten mit Korrekturwünschen zurückbekamen. Heute ist das Zeichnen komplizierter und die Zeichner brauchen viel länger, bis ein Heft fertig ist. Oft nehmen wir die Zeichnungen so, wie sie kommen, aber dafür müssen wir auch viel Vorarbeit leisten – Figuren ausarbeiten, Skizzen machen und dafür sorgen, dass die Figuren in sich stimmen. Wenn dann die Zeichnungen geliefert werden, sind sie im Allgemeinen okay. Manchen Zeichnern müssen wir mehr Vorgaben machen. In der Regel arbeiten wir aber mit Profis zusammen. Sie liefern Seiten, die großartig aussehen.

DIE BEDEUTUNG DER ZEICHNUNG

INTERVIEW MIT RENAE GEERLINGS, REDAKTION TOP COW PRODUCTIONS

VORZEICHNER: BILLY TAN; TUSCHZEICHNER: D-TRON. COPYRIGHT © 1999 TOP COW PRODUCTIONS

Chris Hart: Wie bist du zu deinem Posten bei Top Cow gekommen?

Renae Geerlings: Eigentlich bin ich als angehende Schauspielerin und Tänzerin nach Los Angeles gekommen. Ich habe per Zeitarbeit mein Geld verdient und endete schließlich bei 40 Wochenstunden, weil die Tätigkeit nicht so gut bezahlt war. Schließlich habe ich so viel Zeitarbeit gemacht, dass ich nicht mehr zum Vorsprechen gehen konnte. Eines Tages kam ich in dieses Gebäude zu Top Cow Productions. Klar, ich habe über den Namen gelacht.

Ich ging rein und da standen überall Kisten herum und Zeichnungen hingen an den Wänden. Ich dachte mir: „Was für ein Schuppen ist denn das?" Damals war das Studio ganz klein und es ging hektisch zu. Dann sah ich, dass Comics produziert wurden. Das fand ich cool. Ich war nur zwei Tage da und machte Telefondienst. Aber es gefiel mir dort so, dass ich sagte, ich würde gerne wiederkommen.

Inzwischen rief ich einen alten Freund an, der Comics sammelte und sagte: „Ach übrigens, ich arbeite bei einem Verein, der Top Cow Productions heißt." Es blieb lange still am Telefon, dann fragte er ganz ehrfürchtig: „Marc Silvestri?" Ich hatte keine Ahnung, wer das war. Ich hatte Comics nur bei Exfreunden oder meinen Brüdern gelesen. Comics waren was für Jungs. Aber schließlich interessierte ich mich irgendwann für *Sandman, Batman, Dark Knight* und andere *Batman*-Titel. Mein Bruder mochte *Iron Man* und *Spider-Man*. Mein Freund von der High School fuhr auf die *X-Men* ab. Daher kannte er natürlich auch Marc Silvestri, denn Marc zeichnete Wolverine. Und da sagte er mir, ich würde für eine Art Gott arbeiten.

Ich rief bei der Zeitarbeitsfirma an und teilte ihnen mit, dass ich wieder

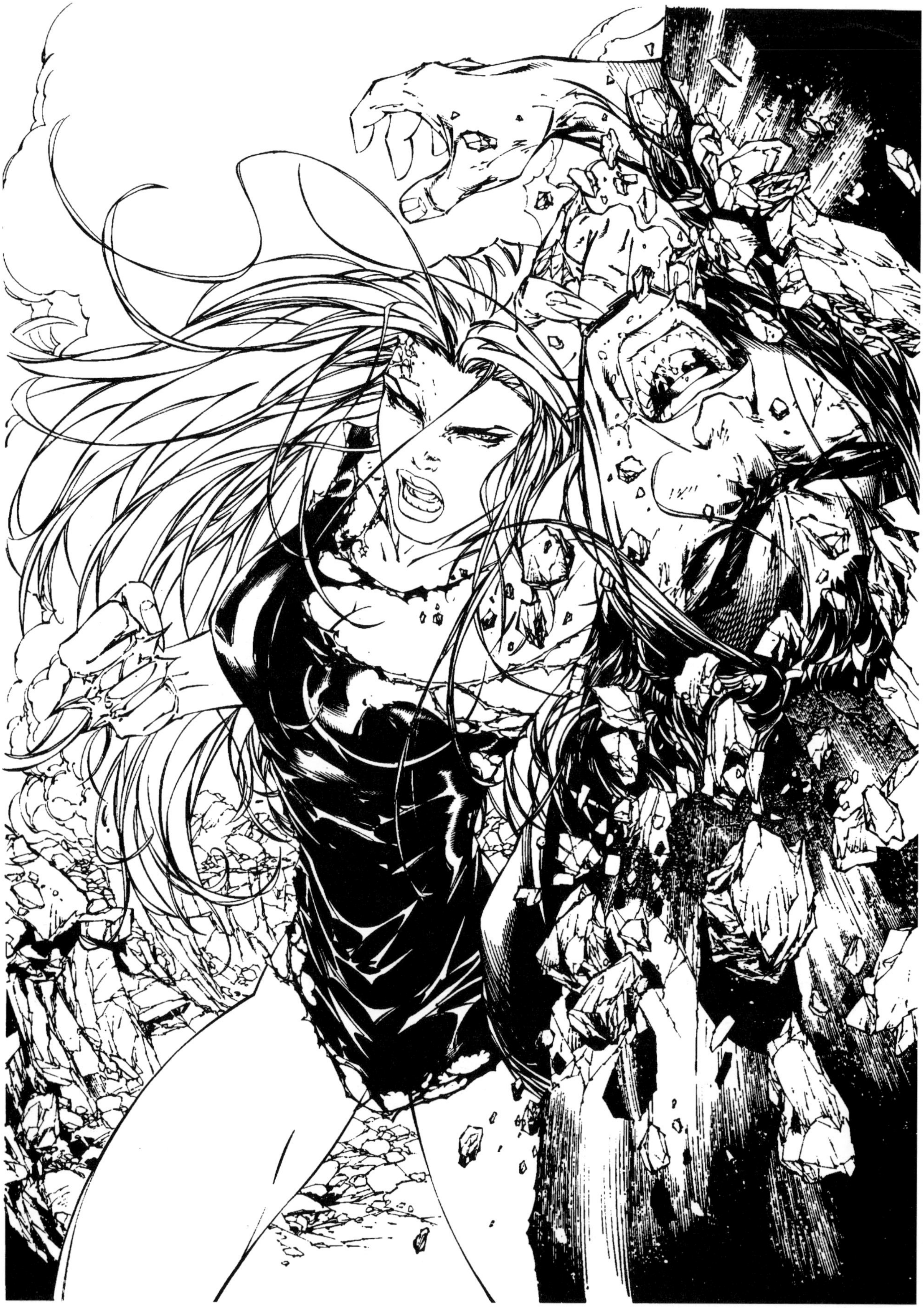

VORZEICHNER: BILLY TAN; TUSCHZEICHNER: D-TRON.

dort arbeiten wollte. Diesmal war es für zwei Wochen und ich lernte jeden kennen. Es machte großen Spaß. Dann wurde ich angerufen, ob ich nicht für ein paar Wochen Assistentin des Chefs sein wollte. Anschließend musste er zu einem Comic-Kongress, und ich fragte, ob sonst jemand meine Hilfe brauchte, da ich mir einen Arbeitsausfall nicht leisten konnte. Es hieß, in der Redaktion sei eine Stelle frei. Dort war ich zwei Tage und wurde dann fest angestellt.

CH: Wie ist es bei der Konkurrenz mit Riesen wie Marvel and DC Comics möglich, dass sich Top Cow so gut hält?
RG: Marc [Silvestri], Todd McFarlane und Rob Liefeld waren schon bei Marvel und DC Giganten. Als sie ihre eigenen Firmen gründeten, verließen sie nicht einfach nur Marvel und DC, sondern entfernten sich auch von deren Konzept, Comics zu machen. Der Markt hat sich verändert. Heute sind Comicleser nicht acht bis zwölf Jahre alt, sondern 12 bis 50 und darüber.

CH: Was sind deine liebsten Comicfrauen und was macht sie erfolgreich?
RG: Eindeutig *Witchblade*. Obwohl [Vorzeichner] Michael Turner das Heft verlassen hat, brachte uns *Witchblade* an die Spitze. Die Hauptperson des Hefts ist eine Polizistin, die außergewöhnlich schön ist. Aber sie ist nicht dumm-schön oder die Nebenfigur von irgendjemand. Ich glaube, die Leser mögen sie, weil sie verletzlich ist. Und vielschichtig. Außerdem intelligent und stark. Und sie war im Kampf gegen Ian Nottingham allein. Der Kampf mit diesen extrem starken Männern und der Sieg über sie, das bringt viele weibliche Leser zu *Witchblade*. Die Figur ist perfekt: große Brüste, schmale Hüften, schlank, groß, langes Haar. Dennoch mögen sie die Leserinnen, weil sie nicht das Gefühl haben, sie hat bloß große Brüste. Nein, sie hat Persönlichkeit, Kraft und Intelligenz.

Im tiefsten Inneren wollen wir Frauen alle schön sein. Es ist leicht, schöne Frauen zu hassen. Aber diese Frau kann man eigentlich nicht hassen, weil sie sich ihrer Schönheit nicht so bewusst ist. Gut, sie trägt schon mal Miniröcke, aber manchmal auch zerrissene Jeans. Als Polizistin hat sie mit Männern zu tun und hängt auch mal mit ihnen rum. Und von den meisten Frauen im Heft ist sie entfremdet.

CH: Hast du als Redakteurin für Leute, die einen ersten Job suchen, und haben Independent-Verlage wie Top Cow Interesse an im Selbstverlag veröffentlichten neuen Comics, die viel versprechend aussehen?
RG: Wir suchen immer neue Talente. Mit den Comics aus den Independent-Verlagen ist es so schwierig, weil es so viele gibt und man deshalb leicht die Übersicht verliert, sogar als Redakteur. Man überlegt nicht in erster Linie, ob man neue Talente suchen könnte, sondern muss erst einmal die in dieser Woche fälligen fünf Hefte fertig kriegen. Daher stapeln sich die Einsendungen. Wir sehen uns die eingesandten Zeichnungen ganz genau an. Aber es ist schwer, das zu finden, was uns zusagt, weil wir immer danach urteilen, was wir *gerade jetzt* brauchen. Manchmal entdecken wir eine Einsendung, bei der wir uns sagen, der hat Talent, den sollten wir uns holen, auch wenn wir ihn jetzt nicht unbedingt brauchen. Aber das ist natürlich immer eine riskante Sache.

CH: Wenn also ein Zeichner von dir eine Absage bekommt, in der steht, dass du momentan keine Verwendung für ihn hast, dass dir aber die Zeichnungen gefallen haben, sollte er euch nicht einfach den Rücken kehren, sondern in Kontakt bleiben.
RG: Genau. Das sage ich den Leuten ständig: Versucht es immer wieder. In der einen Woche schaue ich Zeichnungen an und sage mir, momentan ist das nichts für uns. Oder wir wissen nicht genau, was wir brauchen. Zwei Wochen später kann das ganz anders aussehen. Vielleicht sind dann auch eingereichte Zeichnungen besser in Anatomie oder Erzähltechnik und wir sagen uns, dass wir genau das brauchen können. Wir sind immer auf der Suche.

CH: Welche Fehler sollten deiner Meinung nach angehende Zeichner vermeiden, wenn sie sich um einen ersten Auftrag bewerben? Welche Einsendungen sehen amateurhaft aus und welche werden ernsthaft in Betracht gezogen?
RG: Als einen der ersten Punkte schauen wir, ob die Figuren anatomisch korrekt gezeichnet sind. Sind die Schenkel wirklich dreimal länger als die Waden? Manchmal ist das eine Frage des Zeichenstils und kann funktionieren. Aber wenn es so aussieht, als wüsste es der

Zeichner nicht besser ... Schwer zu sagen. Kunst ist nun mal subjektiv.

CH: Einmal abgesehen von der Zeichnung – was muss eine Einsendung beinhalten, wie wird sie eingereicht?
RG: Uns genügen drei Seiten einer Comicgeschichte. Pinups kann man uns auch schicken, aber sie sagen nichts darüber aus, wie gut jemand im Comicstil erzählen kann. Erzählt er immer aus dem gleichen Blickwinkel? Hat jedes Bild die gleiche Einstellung? Wie sind die Einzelbilder aufgebaut? Sieht es interessant aus? Springt es ins Auge? Leitet es durch die Story? Ist es dynamisch? Ist eine gewisse Stimmung darin erkennbar?

Es ist auch erstaunlich, wie viele Leute tolle Körper zeichnen können, aber keine Gesichter. Viele Leute können zwar kantige Schädel zeichnen, aber bei Frauen sehen kantige Schädel nun einmal nicht schön aus.

Die Hintergründe sehen wir uns auch genau an, denn die sind wichtig. Wenn wir einen Neuling als Zeichner engagieren, dann überlassen wir ihm nicht gleich ein eigenes Heft. Wir wissen nicht, wie er arbeitet und was er alles kann. Also lassen wir ihn am Anfang gewöhnlich bei anderen Zeichnern bei den Hintergünden assistieren.

CH: Also als eine Art Lehrzeit.
RG: Genau. Je detaillierter die Hintergründe, desto mehr sieht es nach geleisteter Arbeit aus, desto mehr sticht es ins Auge. Viele Leute vergessen einfach die Hintergründe. Sie machen keine, sondern lassen bloß Figuren in gewaltigen Kampfszenen auftreten. Aber nur für Kampfszenen holen wir uns keinen Zeichner. Wir holen ihn erst für die Hintergründe, weil uns das sehr hilft.

CH: Arbeiten Comiczeichner meist mit Agenten oder hilft ihnen Mundpropaganda weiter?
RG: Das kommt darauf an. Wir haben mehr Zeichner durch Agenten vermittelt bekommen. Manchmal ist das hilfreich, manchmal aber auch ärgerlich. Am Schluss muss ich doch mit dem Zeichner reden und statt einem zwei Telefonate führen. Und dann die Reibungsverluste in der Kommunikation. Ich habe dem Agenten das Eine gesagt, er erzählt es dem Zeichner ein wenig anders, der Zeichner ruft mich an und ich muss die Information des Agenten

richtig stellen. Das erschwert die Angelegenheit. Andererseits ist es angenehm zu wissen, dass nicht nur ich die Termine des Zeichners überwache, sondern auch sein Agent. Es hilft auch in der Buchhaltung, weil sich der Agent um Rechnungsstellung und Ähnliches kümmert. Mit einem Agenten kann einiges an Chaos vermieden werden.

CH: Wenn du jetzt in der High School oder im College wärst und dir vornehmen würdest, Comiczeichner zu werden, wie würdest du dann vorgehen?
RG: Wir bekommen schon Briefe von Kindern im Alter von elf bis 14, die uns schreiben, dass sie Comiczeichner werden möchten. Das ist perfekt, weil wir uns immer junge Leute holen. Das Problem ist doch, wenn jemand 25 ist und nicht den richtigen Blick hat, kann er durch viel harte Arbeit lernen und sich weiterbilden, bis er es beherrscht. Aber gewöhnlich ist die richtige Sicht schon früher da. Es ist ein Talent, das man hat oder nicht. Ich will damit nicht sagen, dass sich das nicht erlernen lässt, aber es wird immer schwieriger, je älter man wird, sich darauf einzustellen. Es braucht dann einfach mehr Zeit.

Wenn uns Kinder scheiben, dass sie gern Comiczeichner werden möchten, dann rate ich ihnen, einfach zu zeichnen und ihre Werke immer wieder einzureichen. Schickt mir eure Zeichnungen. Es ist zwar mühsamer, wenn eure Sachen mit der Post kommen, weil ich euch da nicht persönlich gegenüber sitze. Wahrscheinlich bekommt ihr als Antwort nur einen Formbrief, weil ich 80 Einsendungen durchsehen muss und gar nicht die Zeit habe, jede Einsendung einer gründlichen Würdigung zu unterziehen. Wenn Kids aber Zeichnungen zu einem Comicsalon bringen ... Viel hängt einfach davon ab, Leute zu kennen. Wenn du einen Freund hast, der jemand kennt, der bei Top Cow arbeitet, kann er deine Mappe vorbeibringen, dann wird sie von uns durchgesehen und du bekommst gesagt, was man davon hält. Du musst einfach selbst aktiv sein. Und wenn du bei einem Comicsalon oder -treff bist, kannst du auch jemanden beiseite nehmen und fragen: „Wie fange ich es am besten an?"

CH: Können dich irgendwelche Kunstschulen beeindrucken?
RG: Der Name der Schule beeindruckt mich überhaut nicht. Tatsache ist: Die meisten Leute, die wir einstellen, kommen direkt von der High School oder vom College zu uns. Die Schule ist nicht das Entscheidende, sondern das Können. Wenn du 17 bist, noch zur Schule gehst und aufregende Zeichnungen machst, tue ich mein Möglichstes, dich zu uns zu holen.

CH: Wenn ich dich in fünf Jahren fragen würde, wie sähe es dann bei Top Cow in puncto Storys und Comicfrauen aus?
RG: Momentan agiert in *Spirit of the Tao* eine sehr junge Hauptfigur. Sie hat nach dem Studium einiges über sich selbst herausgefunden und hat einen Freund: Lance. Es handelt sich also um eine Junge-Mädchen-Story und um eine Yin-Yang-Situation, bei der alle Figuren gut ausgearbeitet und geschrieben sind. Es gibt keine eindeutig Guten und Bösen. Comicfiguren werden sich in dieser Richtung weiterentwickeln und nicht mehr so stereotyp sein wie sie es bisher meist waren. Unsere Hauptfigur ist ein ganz normaler Mensch.

Fathom, ein Heft das momentan im Trend liegt, ist ähnlich. Es erzählt von einer Frau, die entdeckt, dass sie erstaunliche Kräfte besitzt, aber noch keine Ahnung hat, wohin das führt.

Ich glaube, das sind Geschichten, bei denen sich jeder sagt, dass es sich lohnt, sie zu lesen. Jeder hat doch das Gefühl, dass tief in seinem Innersten etwas ganz Besonderes steckt. Und das entdecken auch diese Gestalten. Da sagt sich der Leser: „Das kenne ich. Ich weiß nur noch nicht, was in mir steckt."

REGISTER